UNA VIDA MAS FELIZ

*Cómo desarrollar una felicidad y bienestar
genuinos en cada etapa de tu vida*

Por Shar Khentrul Jamphel Lodrö

Editado por Dr. Adrian Heckel

Dzokden
SAN FRANCISCO, USA

Autor: Shar Khentrul Jamphel Lodrö
Traducción al Español: Julio César González Nava
Editores en español: Roxanna Badillo

Primera Edición
ISBN: 979-8-9851574-2-0 (Libro de bolsillo)
ISBN: 979-8-9851574-1-3 (ePub)

Publicado por:
DZOKDEN

Este libro ha sido traducido por voluntarios de Dzokden. Su dedicación ha hecho posible compartir esta obra con ustedes. Agradecemos sinceramente a Julio César González Nava (traductor) y a Roxanna Badillo (editora) por ayudarnos a publicar este libro en español.

Para obtener más información sobre las actividades programadas o materiales disponibles, o si desea hacer una donación, comuníquese con:

Dzokden
3436 Divisadero Street
San Francisco, CA 94123 USA
www.dzokden.org
office@dzokden.org

Contenido

Reconocimientos	vii
Prefacio del Editor	ix
Introducción a la Felicidad	1
Explorando las Condiciones de la Felicidad	19
Sembrando las Semillas de la Felicidad	43
Estableciendo La Dirección Correcta	61
Una Segunda Oportunidad para Desarrollar Sabiduría	85
La Edad de la Experiencia	119
La Etapa de la Sabiduría	141
Preparándose para Partir de esta Vida	159
Epílogo	189
Recapitulación de Ejercicios	193
Notas	199
Sobre el Autor	213
Visión de Rinpoche	215

Reconocimientos

Dedico las virtudes de este libro a mis padres, quienes me trajeron a este mundo y tuvieron un gran cuidado de mí. Nunca podré realmente recompensarles su amabilidad. Estoy muy feliz y agradecido de haber tenido la oportunidad de escribir este libro porque todavía soy bastante nuevo en el idioma inglés y su cultura. Mi experiencia de vivir en un país occidental es, en cierto modo, limitada. Estoy sumamente agradecido con aquellos que han contribuido y ayudado en el desarrollo de este libro, no solo para dar sentido a mi pobre conocimiento del idioma inglés, sino también para discutir y aportar ideas. Me gustaría agradecer al Dr. Adrián Hekel por su enorme ayuda en la creación de este libro, y quien se esforzó por ir más allá de la edición. Creo que la intención y la motivación de Adrián fue genuina e incondicional. Espero que al leer este libro aprecien los esfuerzos de Adrián, ya que sin él, este libro no se habría terminado. También me gustaría expresar mi gratitud a Julie O'Donnell, quien me ayudó a empezar este libro, me brindó su infinito apoyo, generosidad, dedicación y lealtad. Cada oportunidad que he tenido de trabajar en este y otros proyectos es gracias al amable apoyo de Julie, así que no puedo agradecerle lo suficiente y nunca olvidaré toda su ayuda. También me gustaría reconocer y agradecer a todas las personas que contribuyeron en este libro, especialmente a Stephanie Davis, Mark Cleary, Lisa Jobson, Dorothy Welton y Kristy Peters. Que logren la buena fortuna y profundicen su desarrollo espiritual.

Khentrul Rinpoche
Melbourne, Australia
Julio 2015

Prefacio del Editor

Conocí a Khentrul Rinpoche hace seis años. En ese momento, él era un nuevo inmigrante en Australia,solo poseía fragmentos del idioma inglés y casi no conocía a nadie. Sin embargo, en nuestros torpes intentos de comunicarnos, descubrí que tenía una historia que contar bastante notable y su formación en budismo era insuperable. Cuando mencionó la idea de escribir un libro sobre la felicidad hace varios años, me tomó un tiempo convencerme de que podíamos escribir algo que fuera original y práctico pero después de un tiempo me di cuenta de que, aunque muchas de sus ideas eran bastante simples, la sabiduría detrás de ellas era bastante profunda.

Al mismo tiempo que trabajaba en este manuscrito, terminé mi formación como médico y trabajé durante un tiempo en la práctica general. Este trabajo fue como una lupa en el mundo interior de los australianos comunes. Fue una oportunidad para presenciar el desamor, el sufrimiento y la miseria que atraviesan las personas todos los días, y también la asombrosa alegría y resistencia que algunos poseían ante las circunstancias más difíciles. Además de mi propia experiencia de vida, trabajar como médico me convenció de que la felicidad no 'simplemente sucede' por casualidad y ciertamente no es un asunto trivial. Sin duda, es algo en lo que deberíamos pensar profundamente. Después de todo, ¿qué más importa realmente?

Además, a través de mi trabajo como médico me di cuenta de que muchas personas parecían ignorar la realidad del sufrimiento, la muerte y el proceso de morir. A menudo consideran la espiritualidad como un asunto privado o no habían pensado mucho en temas más profundos, estando tan enfocados en seguir con la vida hacia delante. Por estas razones, sentí que un libro como este podría ayudar a las personas a conocer cómo la espiritualidad está entrelazada en la experiencia de la vida diaria, y no como algo separado de ella. Quizás, también podría servir como un 'puente' para aquellos que han crecido en la cultura occidental y están interesados en la 'vida espiritual'.

Al editar este libro, espero que mi estilo de escritura y las adiciones que he hecho no hayan trivializado ni empañado la sabiduría que Khentrul Rinpoche ha tratado de transmitir. Para hacer el libro más accesible, he intentado conectar referencias de sus ideas con algunas de las últimas investigaciones en psicología (como se detalla en la sección de notas). Gran parte de esto se basa en mis experiencias en la conferencia internacional, "La felicidad y sus causas" en Sydney (Australia), así como mi formación en medicina y las conversaciones que mantuve con mentores de gran experiencia en consejería y psicología. Espero que estas adiciones no desvirtúen el mensaje esencial del libro y acepto la culpa por cualquier error u omisión.

Finalmente, deseo dedicar mi contribución en este libro a mis padres, quienes siempre han estado disponibles para mí incondicionalmente. Además, deseo sinceramente que leer este libro les ayude a mejorar su calidad de vida.

Adrian Hekel
Marzo 2010

CAPÍTULO UNO

Introducción a la Felicidad

Quizás te preguntes, por qué alguien como yo estaría interesado en escribir un libro sobre la felicidad. Nunca he ido a la escuela, no tengo un título universitario y he tenido muy poca exposición a la información y a la tecnología del mundo moderno. En cambio, he vivido la mayor parte de mi vida como un simple monje budista, aislado del resto del mundo en las remotas montañas del Tíbet.

Sin embargo, cuando reflexiono sobre mi vida, me doy cuenta de que he pasado por una asombrosa variedad de experiencias que me han dado una buena comprensión de lo que es realmente esencial e importante en la vida, tan es así, que no pude evitar explorar la cuestión de la felicidad y compartir con los demás lo que he aprendido. Mi más sincero deseo era escribir un libro sobre la felicidad que incluyera todos los aspectos y cada paso de la vida de una manera única y útil para todos, ya sean jóvenes o viejos, religiosos o no religiosos, ricos o pobres. Quería escribirlo de tal manera que, al leerlo detenidamente, al reflexionar sobre su contenido y poner en práctica ciertos ejercicios podrían ayudarte a ser más feliz.

Cuando miro hacia atrás en mi vida y recuerdo las relaciones que he tenido, las decisiones que he tomado y las lecciones que he aprendido, solo puedo pensar en lo útil que habría sido tener una guía o un manual sobre cómo llevar una vida feliz y contenta. Me habría sentido muy afortunado de tener la oportunidad de leer un libro como este. Por eso decidí escribir este libro, pensando que ahora estoy en condiciones de compartir algunas de mis ideas sobre cómo lidiar con los desafíos que todos enfrentamos en las diferentes etapas de la vida, y qué es realmente la verdadera felicidad.

Casi todo el mundo asume que no podemos encontrar la felicidad frente a las dificultades y las condiciones desafortunadas. Poco a poco he aprendido que esto es realmente posible ya que he pasado por muchos momentos difíciles. Sin embargo, desde muy joven nunca he sido infeliz -de hecho- probablemente soy más feliz que muchas personas con una vida fácil. Cuando era niño, se me negó una posición de estatus social alto y en cambio viví una vida dura pastoreando yaks en las montañas a temperaturas tan bajas como de menos treinta grados centígrados. Cuando era adolescente, encontré una felicidad intensa en el amor romántico que creí que duraría para siempre, sin embargo, después de la muerte de mi padre tomé la difícil decisión de sacrificarlo, ya que sentí un llamado genuino para honrar los deseos de mis padres y convertirme en monje.

Cuando comencé la vida monástica a una edad relativamente tardía, me resultó difícil ser aceptado y adaptarme a esta forma de vida completamente nueva. Competía con monjes que habían sido entrenados a tiempo completo desde la infancia, mientras que yo era solo un humilde pastor de yaks. Más tarde, me resultó bastante difícil adaptarme a la cultura y estilo de vida de Australia donde no conocía absolutamente a nadie y solo podía hablar unas pocas palabras en inglés.

Mis muchos años de auténtica formación budista, así como mis numerosas y diversas experiencias viviendo en el mundo occidental moderno, me han abierto los ojos al hecho de que la felicidad no depende de las condiciones que la gente suele asociar con esto. He tenido la fortuna de obtener una profunda comprensión de la felicidad, en el sentido de que se puede lograr en medio de las dificultades y el infortunio en lugar de que dependa de una vida cómoda. Cuando reflexiono sobre mis propias experiencias, ahora me doy cuenta de que fueron los tiempos difíciles los que me enseñaron a ser feliz, dándome fuerza interior y una renovada apreciación de muchas cosas.

Cuando llegué al Occidente, con su cultura, estilo de vida y forma de pensar totalmente diferentes, para mi sorpresa todo el entendimiento que había obtenido sobre la felicidad se reforzó. En lugar de cambiar mi perspectiva las opiniones que sostenía éstas se enriquecieron y profundizaron. Ello ocurrió después de conocer y hablar con mucha gente occidental a través de estos últimos años, observar de cerca la vida en el Occidente y aprender un poco sobre conceptos de psicología, filosofía y ciencia occidental. He tratado de entrelazar estas ideas en el texto con la esperanza de hacer más accesible la profunda sabiduría de la tradición budista tibetana (las referencias de cada capítulo se presentan al final de este libro).

Espero que este libro sea como un espejo a través del cual puedas ver toda tu vida -pasada, presente y futura-. Aunque seas joven, los capítulos para personas mayores pueden resultar útiles. Alternativamente, puedes ser bastante mayor pero quizá te identifiques más con los capítulos iniciales para adolescentes y adultos jóvenes. También comparto mi experiencia en la tradición budista a lo largo de este libro. Espero que algunos de ustedes lo encuentren útil, especialmente si sienten curiosidad por la idea de una 'vida espiritual' que a menudo la gente en el mundo moderno malinterpreta. Hago plegarias para que este libro les ayude de alguna manera a planificar y comprometerse a vivir una vida feliz y significativa, independientemente de la religión o creencia que sigas.

¿QUÉ ES LA FELICIDAD?

¿Qué es la felicidad? ¿Se trata solo de sentirse bien o emocionado, de tener una vida cómoda y de que nuestros deseos se cumplan? Creo que todas estas pueden ser características de la felicidad, pero en realidad es mucho más que esto. Cuando usamos la palabra *felicidad*, a menudo no nos damos cuenta de que es un tema vasto y profundo. Esta sola palabra no puede describir adecuadamente los niveles ilimitados de la felicidad.

En la superficie, la felicidad puede incluir comodidad física, excitación mental o emociones momentáneas de placer, así como sentimientos de amor y aceptación. En un nivel un poco más profundo, también podría incluir estar completamente absorto en una actividad en particular o el proceso de esforzarse por lograr un objetivo en específico. Un estado mental feliz no viene necesariamente con el logro de las metas, sino más bien durante el proceso de avanzar con entusiasmo hacia ellas. En cada uno de estos niveles, y también dentro de cada nivel, se sienten diferentes grados de satisfacción o contento.

Desde una perspectiva más profunda, cierto grado de felicidad proviene de comprender que el fracaso y la pérdida son una parte natural de la vida. Con este entendimiento, podemos usar todas las circunstancias como un terreno de aprendizaje para descubrir que la felicidad se encuentra dentro de nosotros, a pesar de todos los altibajos de la misma. Esto conduce a una sensación de ecuanimidad y paz interior, con una mayor capacidad para controlar nuestras emociones. Muchas filosofías espirituales y no espirituales:

- Reconocen que hay muchos niveles de felicidad.
- Aprecian que la felicidad puede existir en cualquier situación.

Frecuentemente solo vemos uno de estos niveles. Si reconocemos y apreciamos genuinamente sus múltiples dimensiones, la puerta se abrirá para comprender y realizar los niveles más profundos de felicidad. Esta comprensión conduce a un potencial ilimitado de felicidad que es mucho mayor de lo que jamás hayamos sido conscientes.

¿Qué significa 'aceptar' la oscuridad en nuestras vidas? Generalmente caemos en dos extremos: por un lado ignoramos el sufrimiento que es parte de la vida y, por otro lado, podemos quedarnos completamente obsesionados con este sufrimiento. De primera instancia nos protegemos de las realidades de la vida, y nos toma por sorpresa cuando sucede algo inesperado como la pérdida de un trabajo o la muerte de un ser querido.

En el segundo caso, estamos obsesionados con este lado oscuro, cayendo en depresión, negatividad, o una aceptación resignada y dejamos de apreciar las muchas bendiciones que tiene la vida.

Afortunadamente hay un camino medio, un punto de vista desde el cual podemos ser conscientes del sufrimiento y al mismo tiempo, darnos cuenta de las bendiciones con las que contamos. Podríamos perder toda nuestra riqueza e incluso a un amigo cercano y aún así, apreciar lo que tenemos: nuestra salud y una buena mente, así como la bendición de vivir una vida donde tantas cosas son provistas. Por lo tanto, la felicidad y la satisfacción sólo pueden surgir cuando apreciamos genuinamente el lado luminoso de la vida y al mismo tiempo comprendemos que el lado oscuro es también una parte natural de ésta. Por consiguiente, no nos dejamos vencer por eventos desafortunados. Solo podemos apreciar la vida verdaderamente si somos conscientes tanto de su naturaleza satisfactoria como de su naturaleza insatisfactoria.

Comprender la oscuridad en nuestras vidas incrementa nuestra compasión al darnos cuenta de que todos los seres atraviesan por los mismos obstáculos que nosotros. Entonces podemos generar un profundo deseo de ser amables y desarrollar imparcialidad, amor y compasión incondicional, reduciendo la tendencia a pensar solo en nuestro propio interés. Esto nos lleva a un nivel más profundo aún de felicidad, animándonos a dedicar nuestras vidas a algo más grande que solo nosotros mismos.

Finalmente, el nivel más profundo e intenso de felicidad, es el descubrimiento de la 'naturaleza altruista' innata que se encuentra en el centro de nuestro ser. Esta es una fuente constante de alegría y amor imparcial totalmente independiente de las circunstancias externas. En la tradición budista llamamos a esto nuestra 'naturaleza iluminada', que podemos develar eliminando todo rastro de interés propio.[1] Entonces descubrimos nuestro verdadero potencial para ser completamente felices, obtener un control total sobre nuestras emociones y beneficiar a los demás de forma natural.

La psicología moderna también habla de diferentes niveles de felicidad. Según Martin Seligman, a veces conocido como el padre de la psicología positivista, existen tres niveles básicos.[2] En primer lugar, momento a momento está el sentimiento de placer por el que todos nos esforzamos, luego está la alegría que proviene de estar absortos en una tarea en particular o en el proceso de lograr un objetivo específico y finalmente, existe el profundo sentido de propósito y realización que proviene de saber que la vida es profunda y significativa, y que se puede mejorar aún más desarrollando cualidades virtuosas.

Aunque cada uno de nosotros tiene diferentes ideas sobre lo que significa la felicidad, estos diferentes niveles se aplican para todos, independientemente de quiénes seamos. Entendiendo la felicidad de esta manera puede darnos una percepción mucho más valiosa de su máximo potencial y poder. Hablaré sobre cómo encontrar estas diferentes dimensiones de la felicidad a lo largo de este libro. Mi esperanza es que cada uno de ustedes se identifique con esto y pueda aplicarlo de una manera que se adapte a su tipo de personalidad y nivel actual de comprensión. Sin embargo, enfatizaré el cultivo de los niveles más profundos, donde se puede encontrar la verdadera realización que se basa en la compasión y el altruismo. Si podemos hallar esto dentro de nosotros mismos, habremos descubierto una profundidad en nuestro ser que es una fuente constante de alegría, paz, satisfacción y coraje, a pesar de los altibajos de la vida.

¿LA FELICIDAD ES ALCANZABLE?

Todo ser vivo tiene un deseo innato de alcanzar algún grado de felicidad, sin importar su posición en la vida o la edad que tenga. Algunas personas pueden desilusionarse y elegir medios inadecuados para alcanzar la felicidad. Por ejemplo, algunas personas pueden dañar física o emocionalmente a alguien pensando en su ignorancia, que esto les traerá satisfacción y felicidad. Independientemente de cómo las personas crean que van a lograr esto, es importante darse cuenta de que la búsqueda de la felicidad y la satisfacción son, de hecho, las fuerzas fundamentales impulsoras detrás de todo lo que hacemos. Este es un hecho natural y no tiene sentido investigar por qué tenemos este deseo. Sería como tratar de analizar por qué el fuego es caliente o el agua es líquida y, por lo tanto, no nos ayudaría realmente.

Sin embargo, lo que es absolutamente necesario es que examinemos si la felicidad es alcanzable o no. ¿Tenemos todos el potencial innato de felicidad? ¿Depende de causas y condiciones? Y si es así, ¿cuáles son las causas y condiciones adecuadas? ¿O es el 'destino', algo que simplemente sucede cuando las cosas 'coinciden'?

Para responder a la primera pregunta: sí, todos tenemos el potencial innato para alcanzar la felicidad. Cada sistema de creencias del mundo, tanto teísta como no teísta, nos dirá que la felicidad no ocurre simplemente al azar o producto de la buena o mala suerte. Además, la idea de que cada uno de nosotros tiene un potencial fijo de felicidad que no puede cambiar significativamente, está siendo cuestionada.[3] Tanto la experiencia de las culturas espirituales tradicionales como la investigación científica moderna están demostrando que si cultivamos la felicidad con diligencia y habilidad, podemos definitivamente lograrla.

En el mundo de hoy y a lo largo de la historia de la humanidad, existe una prueba viviente de que numerosas personas han alcanzado un nivel profundo de felicidad. A menudo, esto ha sido producto de una lucha significativa o de un trabajo duro. Sabemos esto por sus testimonios y el testimonio de otros, y podemos verlo en sus acciones. Hay un número seleccionado de personas a las que incluso podemos llamar 'iluminadas'. Sin excepción, éstas apuntan al mismo potencial innato de iluminación que reside por igual en todos nosotros.

En segundo lugar, planteamos la pregunta: ¿la felicidad depende de causas y condiciones o es simplemente azar o 'destino'? Sí, la felicidad depende completamente de causas y condiciones. Si miramos la historia de la civilización humana, y si investigamos minuciosamente nuestra propia experiencia, encontraremos que no hay nada que no dependa de causas y condiciones para que ocurra. De la misma manera, es imposible que la felicidad surja al azar.

A un nivel observable, todos estamos de acuerdo en que nada ocurre sin causas particulares. De manera similar, *la forma en que percibimos las cosas*, incluyendo todos los pensamientos y emociones que pasan por nuestra mente, también depende de causas y condiciones particulares. Por eso podemos hablar de la felicidad de la misma forma.

LAS CAUSAS Y CONDICIONES ADECUADAS

Si la felicidad es definitivamente alcanzable, debemos preguntarnos cuáles son las causas y las condiciones que le darán origen. Ésta es, por mucho, la pregunta más importante y la que requiere una respuesta más extensa. Daré un breve resumen ahora y luego lo abordaré nuevamente en capítulos posteriores.

En primer lugar, deberíamos preguntarnos si la mayoría de los seres humanos son genuinamente felices. Si reflexionamos con honestidad, la respuesta seguramente debe ser que 'no'. Aunque parezcamos felices, a menudo hay un sentimiento fundamental de insatisfacción, o de que 'falta algo', o podemos sentirnos agitados fácilmente cuando sucede algo inesperado.

La mayoría de la gente piensa que 'si tan solo tuvieran mucha riqueza', o 'si tan solo fueran sanos o hermosos', o 'si solo esa relación funcionara', entonces serían felices. Esta forma de pensar nos lleva a una felicidad limitada a través de la comodidad física, la excitación mental, sentimientos transitorios de placer o ser aceptados y amados. Es posible que ni siquiera nos demos cuenta de que podemos pasar una vida entera persiguiendo sin descanso cosas como la riqueza y la posición social.

Desafortunadamente, al pensar de esta manera confundimos las condiciones que traen consuelo o placer transitorio con la felicidad misma. Es factible que estemos tan enfocados en estas condiciones secundarias que nos quedemos atrapados en una visión estrecha, sin darnos cuenta de las condiciones primarias. Es primordial distinguir entre:

- Condiciones primarias—tu actitud
- Condiciones secundarias—dinero, relaciones, salud, belleza

Por ejemplo, es posible que no apreciemos la felicidad genuina que se obtiene al estar completamente comprometidos e inmersos en una actividad que consideramos significativa. Es probable que pasemos por alto la felicidad y el contento que provienen de la gratitud y el disfrute de las cosas sencillas.

En un nivel más profundo, la felicidad depende de cómo comprendemos la vida y todas las circunstancias que enfrentamos. Una perspectiva sabia nos permite ver que no podemos esperar que la vida sea fácil o exitosa, o que necesariamente obtendremos algo a través del trabajo duro. Creemos que podemos esforzarnos mucho y lograr lo que nos propusimos hacer, cualquiera que sea nuestra definición de éxito; no obstante, no aceptamos que todo no nos salga según lo planeado. Por otro lado, incluso si fracasamos, es importante esforzarse y puede haber un beneficio sustancial que subyace a nuestros esfuerzos. Si somos capaces de reflexionar cuidadosamente, podemos estar más preparados para aceptar lo peor, sea cual sea el infortunio o el dolor que sobrevenga.

Además, podemos ser conscientes de que el verdadero objetivo de esta vida debería ser el enfocarnos en desarrollar una compasión imparcial, ayudar a los demás y aprender a aceptarnos por lo que realmente somos, en lugar de aferrarnos a una imagen falsa de nosotros mismos que intentamos actualizar.

Esto naturalmente nos conduce a un estado mental en el que ya no estamos insatisfechos y nuestro amor propio se reduce en gran medida. El amor propio no significa que seamos una persona particularmente egoísta. Más bien, significa no considerar a los demás tan importantes como uno mismo, y ponernos antes que los demás. Ponernos en primer lugar es un hábito normal y profundamente arraigado, y considerar que los demás son iguales a nosotros normalmente requiere una práctica diligente.

Finalmente, la causa más poderosa y verdadera de la felicidad está en la capacidad de desarrollar compasión genuina y amorosa expresada de una manera imparcial. Tal estado mental es la verdadera base de la felicidad para todos, independientemente de tus circunstancias. Descubrimos que centrarnos en la felicidad de otras personas naturalmente nos hará felices, mientras que preocuparnos sólo por nuestra propia felicidad puede llevarnos a la decepción y al fracaso al no lograr nuestras expectativas. Si alcanzas un nivel más profundo de amor y compasión, te sentirás como en casa dondequiera que vayas. Entonces, serás capaz de mantener ese profundo nivel de compasión y tolerancia hacia todos los que te rodean independientemente de su actitud y acciones, sintiéndote completamente a gusto y relajado.

Por lo general, incluso si tenemos alguna forma de bondad y compasión, ésta sigue siendo limitada o parcial y se asocia con algún grado de apego, egoísmo o amor propio. Si por el contrario desarrollamos el amor y la compasión de manera incondicional, nuestra felicidad puede volverse tan poderosa y segura que sentimientos como la tristeza, la depresión, la soledad e incluso el estrés tienen menos posibilidades de surgir. Finalmente, la base de este tipo de compasión incondicional es nuestra naturaleza iluminada o 'altruismo' innato, por lo que incluso la compasión limitada nos acerca a ésta.

La importancia de la mente

No existe nada ni bueno ni malo, el
pensamiento lo hace parecer así.
— William Shakespeare —

De la misma forma que pensamos que nuestra felicidad depende de circunstancias externas, también podemos caer en la trampa de creer que la infelicidad está determinada también por condiciones externas. Podemos culpar nuestra infelicidad a la falta de dinero, o podemos tener suficiente dinero pero trabajamos demasiado y no tenemos tiempo para tomarnos unas vacaciones. Podemos culpar a nuestro jefe que no nos respeta o a nuestra pareja que no nos ama lo suficiente. Sin embargo, no son los eventos externos los que causan nuestra infelicidad, sino más bien, es nuestra propia mente.

Cuando comencé a escribir este libro, me acababa de mudar a una nueva casa. Sentimos que habíamos pagado más de lo que deberíamos y para colmo unos días después el sistema de agua caliente falló, lo que implicó tener que sobrevivir duchas frías en medio del invierno. Era fácil estar molestos y deprimidos sintiendo lástima de nosotros mismos. Más al reflexionar sobre nuestras circunstancias, pudimos ver la situación desde una perspectiva diferente. Nos dimos cuenta de que en realidad éramos muy afortunados de poseer una casa propia y de tener corriente de agua, ya que muchas personas en el mundo ni siquiera tienen agua potable para beber. Al mirar nuestro problema desde esta nueva perspectiva y apreciar lo que teníamos en lugar de lo que no teníamos, pudimos ver cuán pequeño era el infortunio.

Este ejemplo es bastante trivial en comparación con muchos de los desafíos que tenemos que enfrentar. Para dar otro ejemplo, recientemente falleció la persona más querida de mi vida, mi amada madre. Además, varias personas con las que había sido muy amable y en quienes confiaba profundamente, intentaron hacerme daño a pesar de mis mejores intenciones de ayudarlos. Al principio estaba muy sorprendido. Sentí como si todo mi mundo se hubiera puesto patas arriba, que lo había perdido todo, y que el trabajo de toda mi vida equivalía a nada. Sin embargo, cuando consideré todas las cosas peores que podrían haber sucedido, me di cuenta de que mi situación no era tan mala. Todavía tenía mi salud y mi integridad, aun me sentía seguro y había gente a mi alrededor que se preocupaba por mí y que me cuidaría.

Cuando reflexiono sobre algunas de mis otras experiencias, puedo apreciar que el infortunio a menudo trae oportunidades inesperadas. Si nos permitimos examinar las situaciones bajo este tipo de luz positiva, podemos beneficiarnos enormemente al practicar la gratitud. Esta situación en particular, me enseñó algunas lecciones importantes sobre mí mismo que puedo aplicar en el futuro. También ha fortalecido algunas de mis relaciones con las personas cercanas a mí.

Si aprendemos a mirar las cosas desde un ángulo diferente, estaremos en condiciones de apreciar todo lo que tenemos, incluyendo el tener acceso a una corriente de agua. Entenderemos que no tener agua caliente por un período corto de tiempo realmente no es un gran problema. También podemos aprender a darnos cuenta y aceptar que los contratiempos son una parte natural e inevitable de la vida para todos. Al principio, algo puede parecer un infortunio, pero en realidad puede enseñarnos algunas lecciones valiosas. De esta manera, un amigo que se pone en contra nuestra, la muerte de un ser querido, o la pérdida de algo por lo que hemos trabajado duro, necesariamente no nos hará sentir infelices. Aunque podamos sentir una tristeza intensa, experimentaremos mucho menos sufrimiento si podemos aprender a aceptar las situaciones difíciles manteniendo una perspectiva firme y equilibrada.

Como explica Su Santidad el Dalai Lama, las verdaderas causas de la felicidad fundamentalmente se pueden encontrar en nuestras mentes:

> *Por supuesto, las circunstancias externas pueden contribuir a la felicidad y el bienestar de uno, pero en última instancia, la felicidad y el sufrimiento dependen de la mente y de cómo ésta las percibe.*

COMPRENDIENDO EL SUFRIMIENTO Y SUS CAUSAS

Las grandes filosofías de casi todas las culturas nos llevan a la idea común de que cuando observamos nuestra situación honestamente, debemos llegar a la conclusión de que la felicidad no es un estado de vida innato o natural —por ello es tan importante aceptar la 'oscuridad', como apreciar la 'luz' de la vida-. Desafortunadamente, es muy fácil para nosotros pensar que tenemos el 'derecho' a alcanzar la verdadera felicidad y, por lo tanto, esperamos encontrarla. Sin embargo, esta perspectiva siempre conducirá a la decepción.

El primer paso para alcanzar la felicidad es saber que el sufrimiento es una parte inevitable de la vida. Observa a tu alrededor y piensa en todas las personas que aprecias. Cada segundo, desde el momento en que nacen, envejecen y se acercan cada vez más hacia su muerte. No sabemos quién tendrá una vida larga o corta. Esto te incluye a ti. La enfermedad y la muerte pueden llegar en cualquier momento sin previo aviso e incluso con la mejor atención médica del mundo no hay nada que podamos hacer al respecto. Casi todas nuestras experiencias contienen algún elemento de sufrimiento -no obtener lo que queremos, obtener lo que no queremos, separarnos de las personas que amamos o tal vez amar a alguien que realmente no se preocupa mucho por nosotros-. Incluso podemos tener una sensación general de insatisfacción que no podemos precisar, haciéndonos cuestionar todos los convencionalismos sostenidos por quienes nos rodean. Las circunstancias buenas también están destinadas a cambiar, no importa en qué etapa de la vida estemos.

Podemos entender que el sufrimiento es inevitable cuando admitimos que, a pesar de que nos esforcemos mucho desde el nacimiento hasta la muerte, nunca podremos encontrar una felicidad duradera. Si la vida no contuviera este sufrimiento inherente, sino que fuera 'neutral', entonces la mayoría de la gente encontraría la felicidad genuina ya que todos buscan la felicidad desde el nacimiento hasta la muerte. Sin embargo, este no es el caso y es raro encontrar a alguien que realmente haya logrado una felicidad genuina, por lo tanto, si encontramos algún tipo de felicidad en lugar de darlo por hecho, debemos realmente aprender a apreciarlo, incluso a asombrarnos. ¡Debemos darnos cuenta de que encontrar la felicidad en una vida impregnada de sufrimiento es como encontrar una cascada en medio de un desierto!

Sin embargo no estoy diciendo que ya que el sufrimiento es una parte inevitable de la vida, simplemente tenemos que aceptarlo como nuestro destino porque no hay forma de superarlo. Si estamos enfermos, consultamos a un médico que nos dice por qué estamos enfermos y nos da algún medicamento que con suerte nos ayudará. De la misma manera, si reconocemos el sufrimiento por lo que es, podemos pensar profundamente en las causas y condiciones que conducen al sufrimiento y la felicidad. A menudo nos encontramos tan obsesionados con la felicidad o el sufrimiento que experimentamos, que estamos convencidos de que se debe a la buena o mala suerte. Rara vez consideramos intentar identificar la causa con el fin de cambiarla. Por lo tanto, lo más sabio es mirar la raíz o el origen del problema, como un médico que identifica la causa de una enfermedad.

Esto lleva a la pregunta sobre cuál es la causa fundamental de todo nuestro sufrimiento e insatisfacción. Dado que la felicidad y el sufrimiento no son causados directamente por eventos externos como solemos pensar, sino más bien por la forma en *que la mente reacciona* a los eventos externos, podríamos decir que la fuente de nuestro sufrimiento es un pensamiento rígido o imprudente. Siempre que no aceptamos lo que sucede a nuestro alrededor, nos encerramos en una jaula de pensamientos y emociones negativas como la ira, la codicia, el orgullo, los celos o el miedo. Estas emociones toman nuestro control, reforzando nuestros pensamientos negativos. Este ciclo seguirá y seguirá hasta que finalmente podamos dejar de lado estas emociones negativas para reemplazarlas con formas más saludables y positivas de pensar y sentir.

Otra forma de decir lo mismo, es que el sufrimiento y la insatisfacción dependen de cuán obstinadamente se aferra la mente a sus expectativas de que la vida se desarrollará de una manera en particular. Como tendemos a dar tanta importancia a los eventos externos, nos apegamos a ellos o los rechazamos, y esta actitud es lo que limita nuestro nivel de felicidad.

Sabiendo esto, ¿es posible lograr una felicidad duradera? La respuesta es definitivamente un 'sí' porque la felicidad depende de causas y condiciones, como ya he comentado. En particular, depende del cultivo de una mente sabia y flexible que no esté agobiada por las expectativas, junto a pensamientos saludables y acciones como el amor imparcial y la compasión. Esta compasión verdadera evoluciona naturalmente una vez que desarrollamos cualidades como conducta ética, diligencia y sabiduría.

Dado que la felicidad y el sufrimiento dependen de causas específicas, si abandonamos las causas del sufrimiento y abrazamos las causas de la felicidad, podemos estar completamente seguros de que seremos más felices y que finalmente alcanzaremos un estado imperturbable de felicidad duradera. Entonces nos convertiremos como un océano profundo que permanece en calma en el fondo sin importar cuán fuertes sean las olas en la superficie. Aunque no es una tarea fácil, si todas las causas del sufrimiento se erradican por completo, ¡la infelicidad ya no tendrá cabida! El propósito de este libro es aprender cómo podemos superar las causas del sufrimiento mientras cultivamos acciones virtuosas para alcanzar este estado de felicidad máxima. A lo largo de cada capítulo se explora cómo lograrlo.

LA SABIDURÍA ANTIGUA Y EL MUNDO MODERNO

Podemos profundizar aún más nuestra comprensión de las verdaderas causas de la felicidad al observar algunas ideas contenidas en la filosofía occidental y oriental, y también al sondear los descubrimientos de la psicología moderna y la neurociencia.

Lo que he discutido hasta ahora está influenciado significativamente por mi perspectiva como monje budista, sin embargo, muchos de los grandes filósofos occidentales también nos dicen que para encontrar cualquier tipo de felicidad debemos aceptar la realidad del sufrimiento[4] y darnos cuenta de que un pensamiento más sabio podría ayudarnos a superarlo. Séneca, tutor del decadente emperador romano Nerón, se dio cuenta de primera mano de las consecuencias que conlleva la ira y el orgullo. Basado en sus experiencias, habló del peligro de tener expectativas poco realistas, lo que nos hace pensar que muchas cosas son injustas o decepcionantes, y por lo tanto, conducen a la frustración y al sufrimiento.

Sócrates, quien afirmó que 'una vida sin examinar no vale la pena vivirla', enfatizó la importancia de utilizar el razonamiento lógico para cuestionar las suposiciones que solemos sostener, tales como 'ser rico nos hará felices'. Epicuro, por su parte, propuso que las causas de una vida feliz emanan del compañerismo, la sencillez y vivir una vida bien analizada. Demasiado enfoque en la búsqueda del placer siempre conducirá a la insatisfacción.

La psicología moderna está de acuerdo con estos principios generales. Mucha gente de nuestra comunidad sufre de depresión. Un método para tratar la depresión es la terapia cognitivo conductual,[5] que intenta ayudar a las personas a tomar conciencia de sus pensamientos y percepciones negativas para luego reemplazarlos por pensamientos más racionales que reflejen más cercanamente la realidad de una situación. Por ejemplo, podemos pensar que somos indignos si cometemos algún error, y esta suposición nos hace olvidar que nadie es perfecto y que nuestro sentido de valía realmente viene de adentro. Este tipo de terapia puede ayudar a algunas personas depresivas con la misma eficacia que los medicamentos, y puede usarse para superar una variedad de hábitos de pensamientos inútiles que surgen de emociones destructivas como la ira, la culpa y la ansiedad. Además, permite que los pacientes reconozcan sus hábitos de pensamiento negativo, lo que junto a la disciplina regular del adiestramiento menta,l puede ayudarlos a superar los pensamientos negativos y ver la realidad de su situación con mayor claridad.

Aunque la psicología moderna se ha enfocado principalmente en comprender y tratar las enfermedades mentales, en los últimos años también se ha investigado mucho sobre los factores que nos hacen florecer y alcanzar un nivel más alto de felicidad. Este campo de la 'psicología positiva', que se centra en cómo cultivar estados mentales positivos, ha revelado que hay tres componentes cruciales para la felicidad: el placer, el compromiso en la vida y el encontrar un significado o un propósito mayor para ésta. De estos tres componentes, la investigación ha demostrado que el placer es, por mucho, la causa menos importante de una vida feliz y satisfecha. Hay bastantes habilidades que podemos practicar para aumentar nuestro sentido de significado y compromiso, como llevar un 'diario de gratitud' o actuar con generosidad en presencia de otros.

De la gran cantidad de estudios psicológicos que analizan la cuestión de la felicidad, me gustaría mencionar uno que es particularmente interesante realizado por Philip Brickman en 1978. Muchas personas sueñan con ganar la lotería y piensan que si ganaran todo ese dinero, ¡la felicidad sería suya! Sin embargo, los psicólogos que estudiaron a los ganadores de la lotería descubrieron que transcurrido un año, generalmente, éstos no eran más felices[6] de lo que eran antes de ganar. También se entrevistó a personas que se habían convertido en parapléjicos por algún tipo de accidente. Sin duda estoy de acuerdo en que el que esto suceda es algo terrible. De hecho, la mayoría de los parapléjicos admitieron que en el primer mes después del accidente habían pensado en suicidarse por lo menos una vez, sin embargo un año después del accidente, la mayoría de ellos estaban tan felices como antes de quedar parapléjicos. De hecho, la mayoría estaban tan felices como los ganadores de la lotería un año después de haber ganado el premio. Este estudio muestra claramente que ni la felicidad ni la infelicidad dependen de condiciones externas. La felicidad proviene de nuestro interior y depende de cómo percibimos nuestra situación.

¿Creen los científicos que todo el mundo puede alcanzar una felicidad duradera? Los neurocientíficos han descubierto que el cerebro tiene una habilidad increíble para cambiar conocida como neuroplasticidad, cuando nos adiestramos para pensar de una manera en particular. Los experimentos han demostrado que si una persona presta mucha atención a lo que ve o hace, las áreas del cerebro que reciben señales visuales o registran movimiento se harán más grandes. Por ejemplo, si pasamos muchos años tocando el violín, el área del cerebro que controla los movimientos de los dedos[7] se agrandará. De manera similar, si dedicamos una gran cantidad de tiempo a enfocarnos en el amor y la compasión[8] muchas áreas del cerebro, especialmente en la corteza prefrontal izquierda, cambiarán. La mayoría de los científicos solían creer que todo el mundo tenía un ‹punto fijo de felicidad›, un cierto nivel de felicidad que realmente no podíamos cambiar una vez que nos convertimos en adultos.[9] Ahora, con el beneficio de muchas investigaciones nuevas, los científicos están descubriendo que el cerebro puede transformarse a cualquier edad.

Por lo tanto, debemos ser capaces de adiestrarnos para aumentar nuestro nivel de felicidad, sin importar la edad que tengamos, siempre que conozcamos las condiciones necesarias para una vida feliz

CAPÍTULO DOS

Explorando las Condiciones de la Felicidad

Todos tenemos un potencial innato de felicidad, sin embargo debemos ser conscientes de las condiciones específicas que conducirán al descubrimiento de este potencial. Hemos mencionado que la felicidad depende de la mente más que de los eventos externos, y además, depende de muchas causas y condiciones relacionadas con la forma en que pensamos y actuamos. Ahora analizaremos detenidamente cuáles son estas condiciones fundamentales para la felicidad, que se aplican independientemente del estilo de vida de una persona o de su etapa de vida. Para empezar, exploraremos el tema de las necesidades humanas básicas.

NECESIDADES HUMANAS BÁSICAS

En primer lugar, debemos reconocer que existen ciertas necesidades humanas básicas que, para la mayoría de nosotros, deben satisfacerse antes de que podamos contemplar las dimensiones superiores de la felicidad. Ciertos individuos muy desarrollados pueden alcanzar la felicidad independientemente de las condiciones externas, tal como algunos yoguis, lamas, o ermitaños que viven en el Himalaya. Ellos todavía alcanzan la felicidad a pesar de tener un suministro de alimentos frecuentemente escaso, un refugio muy básico, y la ausencia de contacto humano a veces durante muchos años. Esto solo se logra a través de años de una diligente práctica espiritual. Sin embargo, la mayoría de nosotros, necesitamos que se cumplan las siguientes necesidades:

1. Necesidades de Supervivencia

Esto incluye cosas como comida, agua y refugio. Sin estos, a la mayoría de las personas les resulta imposible concentrar sus mentes en objetivos más elevados.

2. Seguridad

A pesar del hecho de que no hay garantías de seguridad total sin importar en qué lugar del mundo estemos, debemos tener un refugio básico para protegernos contra los elementos naturales –incendios o tormentas por ejemplo- así como la seguridad de no ser heridos o asesinados por otros seres.

3. Contacto y Comunicación

Si deseamos participar en la sociedad de una manera significativa, tenemos que tener alguna forma de comunicación con los demás. Esto puede darse con otras personas, ya sea directamente o mediante la comunicación escrita. La comunicación nos permite aprender y nos orienta. Sin comunicación es extremadamente difícil lograr algo que afecte o beneficie a la sociedad, independientemente de nuestro objetivo.

4. Libertad

Es crucial comprender que existen diferentes tipos de libertad -externa e interna-. La felicidad es posible incluso sin libertades externas como la libertad de expresión o la posibilidad de acceder a la atención médica. Sin embargo, la ausencia de estas libertades haría más difícil lograr las cosas que pueden ser importantes para ti. Por otro lado la libertad interior que significa estar libres de nuestras propias emociones y deseos, es absolutamente necesaria para la felicidad. Explicaré sobre esto más adelante.

5. Reconocimiento y Respeto

No me refiero a la fama o la celebridad, sino a ser reconocido por los demás como un individuo y el ser respetado como un ser humano autónomo. Esto significa que no se te considera simplemente como un objeto o una mercancía. Si vives en un país democrático, lo más probable es que cuentes con los derechos y el respeto de un ser humano individual.

Si se satisface cada una de estas necesidades fundamentales, existe la posibilidad para nosotros, junto con todos los demás, de lograr una gran felicidad. Quizá, pueda parecer sorprendente pero en realidad no necesitamos nada más. Si ya somos lo suficientemente afortunados de tener estas necesidades básicas satisfechas, pero no las reconocemos y apreciamos, no estamos aprovechando al máximo la preciosa oportunidad que tenemos de convertirnos en una persona feliz. Buscar algo más puede ayudarnos a ser más felices, pero nuestros esfuerzos también pueden ser contraproducentes y complicar nuestra situación o llevarnos a la frustración.

NECESIDADES Y DESEOS

Las cinco necesidades básicas mencionadas previamente son necesarias tanto para la supervivencia como para lograr condiciones favorables para la felicidad externa, pero más importante aún, para las necesidades internas. De hecho, ambas son esenciales para la felicidad. Sin embargo, estas necesidades básicas solo tienen que satisfacerse de manera esencial, por lo tanto, debemos ser capaces de discernir la diferencia entre necesidades y deseos. ¿Qué quiero decir con esto? Al luchar por el lujo y aferrarte más y más a cosas externas podemos experimentar algo de placer o satisfacción, pero gradualmente perdemos nuestro enfoque interno y, por consiguiente, nos resulta cada vez más difícil el ser verdaderamente felices.

Podemos sobrevivir solamente con agua, pan y algunas verduras, pero generalmente queremos muchas variedades diferentes de bebidas y alimentos. Podemos mantenernos abrigados con solo uno o dos atuendos modestos, pero en su lugar compramos un guardarropa completo de ropa de moda para reforzar nuestra propia imagen. Para refugio y protección a menudo buscamos el lujo de una casa con más habitaciones de las que realmente son necesarias. La búsqueda de otras cosas materiales, tal como el último modelo de automóvil con el que hemos soñado durante años quizá, pueda crear más dificultades y alejarnos de la felicidad.

También tenemos muchas formas diversas para comunicarnos y recopilar información -teléfonos móviles, Internet, televisión y periódicos-, solo por nombrar algunos. A medida que nos hemos acostumbrado a muchas de estas cosas, fácilmente podemos sentirnos insatisfechos si no se cumplen nuestras expectativas y estándares. Así mismo, muchos de nosotros estamos atrapados en la lucha compulsiva por lo que consideramos una vida mejor, trabajando muchas horas e incluso endeudándonos para financiar esta 'vida mejor'. Sin embargo, sí tomáramos la decisión de simplificar nuestras vidas y aceptar un ingreso más bajo podríamos tener más tiempo libre para dedicarlo al tipo de cosas que darían a nuestras vidas un mayor significado.

A menudo no nos contentamos con solo ser valorados como un ser humano, sino que queremos que se nos considere alguien especial por encima de los demás. Buscamos amor y aceptación, deseando que nuestros compañeros, familiares, amigos y nuestra comunidad nos tengan en alta estima, siendo apreciados por aquellos a quienes amamos. Además de esto tenemos un impulso muy poderoso de enamorarnos, lo que para la mayoría de nosotros se combina con un gran apego. Esto puede generar celos, resentimiento, o incluso angustia si las cosas no salen como esperamos. Por lo que debemos ser realmente honestos y recordarnos siempre que puede haber un gran dolor acechando a la sombra del amor romántico, y es posible que no lo necesitemos siempre para ser felices.

Aunque pensemos que el dinero nos hará felices, no es necesariamente así. Por supuesto, necesitamos dinero para sobrevivir, pero lo que creemos que es suficiente depende de nuestra actitud. Muchos de nosotros conocemos a personas adineradas que son menos felices que aquellas con ingresos modestos. Considero que el caso de los ganadores de la lotería mencionado anteriormente respalda esta afirmación.

Por esta razón, siempre que nos encontremos deseando más dinero, estemos siendo tentados indebidamente por posesiones materiales, o atrapados en las garras de casi cualquier deseo, es importante reflexionar sobre la pregunta: ¿qué es lo que realmente necesitamos? Pronto descubrirás que serás más feliz a largo plazo si comprendes la diferencia entre necesidades y deseos, entendimiento que simplificará tu vida consecuentemente.

PLACER VERSUS FELICIDAD

Frecuentemente la gente piensa que la felicidad implica un sentimiento de emoción o placer. Experimentamos emoción, por ejemplo, cuando compramos nuestro primer automóvil o casa, nos casamos o nos vamos de vacaciones. Experimentamos placer cuando perseguimos nuestro pasatiempo favorito, vamos a la playa o al cine, o pasamos tiempo con amigos. Podemos confundir este transitorio sentimiento de placer con felicidad. Sin embargo, este tipo de 'felicidad' es por naturaleza breve y profundamente inestable ya que se basa exclusivamente en un estímulo externo. Cuando nos quitan el estímulo externo, el sentimiento de felicidad desaparece.

Aun cuando no hay nada de malo en experimentar placer, es fundamental que seamos conscientes de que este es solo el nivel más superficial de felicidad. Ser adictos al placer nos impedirá acceder a las dimensiones más profundas de la felicidad.

Un tipo de felicidad más estable es la que proviene del logro de la capacidad mental y las aptitudes cultivadas. Esto incluye la satisfacción obtenida a través de actividades como la erudición, la ciencia, el deporte, el arte o la práctica religiosa. También puede incluir hacer un nuevo invento o involucrarnos profundamente en algo con lo que estemos comprometidos. Esto es similar al tipo de felicidad que experimentamos cuando estamos en un estado de 'fluidez'[10] que se manifiesta cuando estamos completamente enfrascados en nuestro trabajo o en una actividad que disfrutamos. Esto ocurre cuando estamos tan absortos en lo que estamos haciendo que simplemente no hay muchas posibilidades de que surja el aburrimiento. Debido a que lo disfrutamos y somos buenos en eso, hay muchas menos posibilidades de que surjan sentimientos de tristeza o ansiedad.

Ambos tipos de felicidad son más estables que la que se basa por completo en sensaciones externas, porque en parte surgen de nuestro interior y dependen de nuestra actitud mental. Sin embargo, estos tipos de felicidad aún no son del todo estables. Por ejemplo, ¿qué pasa si el académico pierde el acceso a los recursos económicos por cualquier motivo? ¿O el científico no puede continuar su investigación por falta de financiamiento? Si esta es la única fuente de felicidad de una persona es muy posible que se sumerja en la desesperación.

Lo anterior confirma que la verdadera felicidad no depende, de ninguna manera, de un estímulo externo o condición. La felicidad es completamente estable, ya que es un sentimiento que surge totalmente de nuestro interior -un sentimiento caracterizado por la sabiduría, la compasión y el conocimiento de que la vida es profunda y significativa-. Si tenemos compasión genuina y sabiduría, estas cualidades siempre estarán dentro de nosotros y son independientes de las condiciones externas. Sin embargo, esto no significa que debamos abstenernos de actividades que nos proporcionen un placer transitorio, sino que debemos asegurarnos de que todo lo que hagamos esté conectado con un sentido más profundo de significado y de propósito. Una persona con este conocimiento puede llegar a una etapa en la que ya no dependa de las influencias del mundo exterior. Una persona con este tipo de felicidad es completamente libre.

CUALIDADES MENTALES SALUDABLES

Hemos mencionado que no importa cuán buenas sean nuestras condiciones externas, nunca seremos verdaderamente felices a menos que estén presentes ciertas cualidades mentales saludables. Estas cualidades mentales surgen en lo profundo del corazón de uno y, cuando se cultivan, forman la base de un carácter maduro, profundo y valioso. Estas cualidades, alineadas con los valores más importantes en nuestra vida, son por las cuales desearíamos ser recordados. Así mismo, estas también apoyan y dan sentido a nuestras vidas en tiempos difíciles.

La esencia de estas cualidades saludables está respaldada por casi todas las principales tradiciones religiosas y culturales del mundo. Independientemente de la tradición, existen diferentes niveles de comprensión o madurez con las que podemos abrazar y practicar estas cualidades. Es importante recordar que, más que una meta, estos atributos mentales describen una dirección en la que deseamos seguir avanzando. Por ejemplo, si te esfuerzas por ser empático y afectuoso con los demás, este es un compromiso continuo que moldeará tu forma de vivir por el resto de tu vida. Esto no es algo que alcances y luego lo olvides.

Si nos comprometemos a cultivar cualidades mentales saludables, estaremos conectando con nuestros valores más profundos y por lo tanto, siempre tendremos algún grado de felicidad y significado en nuestras vidas. Cada vez que ponemos en práctica estas cualidades saludables, podemos estar seguros de que se plantará una semilla que eventualmente madurará y se convertirá en verdadera felicidad. Es útil pensar en el cultivo de estas cualidades como un proceso de causa y efecto -una buena semilla conducirá a un buen resultado, mientras que una mala semilla conducirá a un mal resultado-. Algunas personas encontrarán que ciertas de estas cualidades les resultan más naturales que a otras. Esto es similar a la idea de 'fortalezas clave' en la psicología moderna,[11] que describen buenos rasgos de carácter que pueden ayudarnos a crear una vida valiosa y significativa si decidimos centrarnos en éstas.

Las cualidades saludables que debemos cultivar se dividen en categorías directas e indirectas. Las cualidades indirectas contribuyen a nuestra felicidad al mejorar nuestras condiciones externas de alguna manera, mientras que las cualidades directas conducirán inmediatamente a la felicidad. Aunque es difícil, todavía es posible ser feliz sin las cualidades indirectas, pero nunca podemos alcanzar la felicidad sin las cualidades directas.

Antes de detallar cuáles son estas cualidades, es necesario mencionar la importancia de la sabiduría y la compasión. La sabiduría es una combinación de todas las cualidades que enumeraré a continuación y aunque es parte de éstas, también está por encima de ellas. Por otro lado, la sabiduría no es lo mismo que la inteligencia ya que ésta no significa saber muchas cosas. Más bien se trata de tener una buena comprensión práctica de lo que es realmente importante y cómo aplicarlo en la vida diaria.

La compasión también es absolutamente necesaria si estamos interesados en alcanzar los niveles más altos de felicidad. Practicar cada una de las otras cualidades nos llevará a un cierto nivel, por lo que solo a través del cultivo de un espíritu genuino de compasión o altruismo develaremos nuestro máximo potencial. Ello implica que sobre todo lo anterior, necesitamos compasión y sabiduría para alcanzar la felicidad.

Mientras practicamos estas cualidades, es probable que nuestras acciones y actitudes serán apreciadas, afectando positivamente a quienes nos rodean. Sin embargo, lo contrario también puede ser cierto y podemos encontrar que algunas personas responden negativamente. Esto se debe a que estamos orientando nuestra conducta hacia el altruismo y aquellos que no están dirigiéndose por un sendero similar pueden sentirse amenazados o no entender el por qué de nuestras actuaciones.. Si no pueden ver el propósito de lo que estamos haciendo sus reacciones pueden ser desafiantes e irrazonables. Esta situación requiere que desarrollemos más compasión aún para comprender la fuente de sus reacciones negativas y responder de una manera más hábil y apropiada. Entonces, esto puede convertirse en una oportunidad para practicar nuestra disciplina espiritual en la vida diaria.

A. Cualidades Indirectas

Fuerza de carácter

Si tenemos un carácter fuerte o valiente, podemos lograr muchas cosas en nuestra vida, y como resultado, lograr el disfrute y la satisfacción. Una persona que carece de un carácter fuerte tendrá dificultades para tomar decisiones y lograr metas, y por lo tanto, encontrará que la felicidad le será mucho más difícil de conseguir.

Ambición, entusiasmo y determinación

Estas son cualidades que nos permiten lograr muchas cosas en la vida. Si no tenemos una dirección clara o entusiasmo, caeremos en la complacencia o la pereza y nunca mejoraremos nuestra situación o la de los demás en la vida. Por tanto, nuestra vida puede volverse muy aburrida. Incluso si tenemos ambición, al carecer de una voluntad o determinación fuertes, será fácil distraernos y perder nuestro precioso tiempo. Sin embargo, recuerde que trabajar duro no significa que nuestra vida sea más dura; las cosas serán mucho más fáciles a largo plazo.

Aunque algunas personas pueden estresarse demasiado si son excesivamente ambiciosas, ello nos colocará en una situación mucho mejor que la pereza. Gradualmente llegaremos a disfrutar del proceso de trabajar duro cada día, especialmente si nuestras metas son significativas. Cuando la ambición se combina con un buen corazón y con sabiduría, podemos tener la garantía de resultados positivos en el futuro. Sin un corazón cálido o sin altruismo podemos lograr grandes cosas pero las consecuencias pueden ser negativas si no somos cautelosos. Lo hemos visto históricamente con el surgimiento de dictadores que han causado un gran daño.

La consideración, el cuidado por los demás y la empatía

Estas cualidades nos ayudan a crear y mantener buenas relaciones con otras personas, lo que también es importante para nuestra propia felicidad. Del mismo modo descubriremos que si somos amables con los demás, hay más posibilidades de que estos sean amables con nosotros. A veces esto se refleja de inmediato y en otras ocasiones muchos años después. El mérito de nuestras acciones ciertamente aumentará, quizás de manera oculta, pero los resultados beneficiosos vendrán de forma natural. Nadie puede alcanzar la felicidad completa sin ayudar a los demás.

El respeto por los demás

Si siempre mantenemos el respeto o consideración por los demás seguramente tendremos menos problemas en nuestras relaciones con las personas, siendo mucho más probable que mantengamos la paz y la tranquilidad. Respetar a los demás significa actuar con humildad, cortesía, y estar dispuestos a comprender su punto de vista o tener empatía con sus limitaciones. Ello naturalmente nos conduce hacia sentimientos de cercanía, afecto y armonía en las relaciones.

Paciencia

Esta es una cualidad importante, pero es fácil malinterpretar la forma en que la paciencia debe desarrollarse. Si podemos mejorar una situación tomando acción, entonces no es buen momento para sentarse y pensar 'que practicarás aquí la paciencia'. Este tipo de actitud es una forma de pereza o complacencia, ¡no es paciencia! Tener paciencia significa que podemos manejar o enfrentar cualquier situación que no vaya bien siendo tolerantes sin importar lo frustrante que sea. Por lo tanto, debemos estar mentalmente presentes para actuar de manera hábil y apropiada, en lugar de simplemente darnos por vencidos o esperar sin molestarnos en buscar una solución.

B. Cualidades Directas

Autocontrol

Esto es absolutamente necesario para manejar nuestras emociones, especialmente ante emociones negativas como la ira y los celos, a menos que tengamos una habilidad excepcional para utilizar las mismas de manera constructiva. En algunas culturas las personas tienden a reprimir sus sentimientos y emociones verdaderas por temor a parecer desconsideradas. Por esta razón, con el paso del tiempo estos sentimientos reprimidos pueden desbordarse incontrolablemente. Luego pueden reaccionar con arrebatos emocionales severos o retirarse por completo y alejarse de cualquier situación desafiante, lo que es mucho peor que un intercambio normal de emociones. Por lo tanto el punto clave es adiestrarse para aceptar y contener el flujo normal y saludable de nuestras emociones, en lugar de reprimirlas. Las emociones que podemos aprender a controlar incluyen la ira y la tristeza (que pueden convertirse en depresión si no se controlan), al igual que las expectativas poco realistas, o los deseos tales como el amor emocional descontrolado.

Gratitud

Si sentimos gratitud por las cosas que nos rodean de un momento a otro, entonces es casi imposible sentirse deprimido o infeliz. La mayor parte de nuestra infelicidad no surge del infortunio sino de la falta de gratitud, ya que esto mancha nuestra percepción del mundo exterior. Sin gratitud nunca podremos ser felices independientemente de nuestras circunstancias.

Aprecio

El aprecio está relacionado estrechamente con la gratitud, ya que si apreciamos lo que tenemos seremos naturalmente agradecidos. Por lo general, las personas se sienten infelices porque se olvidan de apreciar las muchas cosas buenas que tienen en la vida. Algunas personas optan por ver el mundo desde una perspectiva distorsionada en la que todo parece negativo independientemente de lo que esté sucediendo realmente. Sin aprecio no alcanzaremos la felicidad verdadera. Por lo tanto puede ser muy beneficioso el adiestrarnos para apreciar cualquier buena fortuna u oportunidad que se nos presente, por más pequeña que parezca.

Contento

Cuando experimentamos la felicidad experimentamos satisfacción. Esta sensación de satisfacción no depende de las condiciones externas o la prosperidad, sino más bien de la cualidad interna de sentirnos contentos. Sin esta cualidad nunca estaremos completamente satisfechos, siempre sentiremos que necesitamos algo más. También sentiremos que los demás tienen mejores condiciones de vida que nosotros, lo que conducirá hacia una espiral de emociones dañinas tales como los celos y la codicia. Por ende, cultivar el sentirnos contentos es cultivar la felicidad. Algunas personas tienen naturalmente cierto grado de satisfacción por lo que les resulta más fácil desarrollar esta cualidad, mientras que otras pueden necesitar ser más diligentes. No obstante, esto es algo que todos podemos aprender a construir y cultivar.

Humildad

Una actitud humilde nos ayuda a aprender a respetar a los demás y a cultivar relaciones cercanas. Como un recipiente abierto o una puerta abierta, permite que se nos presenten muchas otras buenas cualidades. Por otro lado, el orgullo y la arrogancia son como un recipiente al revés o una puerta cerrada, ya que nos hacen pensar o actuar con rigidez y nos impiden aprender cosas nuevas. Por lo tanto, la humildad es esencial si queremos aprender de los demás, respetar a los demás, llevarnos mejor, y obtener una visión más clara y compasiva de la realidad.

C. Cualidades Directas e Indirectas

Autoestima y confianza en uno mismo

Estas cualidades son responsables de la felicidad indirectamente, ya que son necesarias para lograr metas en nuestra vida. Además, si nos sentimos bien con nosotros mismos, ¡nuestra mente es automáticamente más feliz! A veces incluso las cosas pequeñas, como llevar ropa bonita o cortarnos el cabello, nos hacen sentir mejor y pueden contribuir a nuestra confianza en nosotros mismos.

Enfoque

Si somos capaces de mantener un enfoque fuerte y prestar mucha atención a todo lo que hacemos, nos resultará más fácil adiestrar nuestra mente en todas las demás cualidades. Al estar atentos o prestar atención a lo que realmente está sucediendo en el momento presente, ni los pensamientos innecesarios ni los discursos mentales podrán distraernos. Además, podemos aprender a experimentar un estado de 'fluidez' o absorción en muchas de las actividades que emprendemos, lo que nos lleva a una mayor alegría, eficiencia y también productividad. Cuanto más exitosamente podamos mantener un estado de calma interior, menos ansiedad experimentaremos. Con el tiempo, nuestra mente se volverá clara, aguda y fuerte.

El perdón

El perdón está directamente conectado con la felicidad. Si aprendemos a cultivar el perdón genuino, nuestras mentes no se verán perturbadas por la ira o el resentimiento. Esto promueve una sensación de paz interior. El perdón también es indirectamente responsable de la felicidad. Ello es así, ya que cuando perdonamos sinceramente a las personas, nuestra relación con ellas seguramente se volverá más armoniosa.

El perdón es similar a la paciencia en el sentido de que debe aplicarse sabiamente. Esto no significa dejar que la gente nos pisotee. Ante cualquier situación en la que alguien nos haga daño, aunque siempre es crucial mantener una actitud de perdón, podemos intentar mejorar la situación asertivamente. El perdón tampoco significa que reprimamos sentimientos como el coraje. Es esencial que primero reconozcamos cualquier vestigio de sentimientos de coraje o resentimiento en nosotros ya que sólo entonces podrá ocurrir un perdón verdadero.

La generosidad

El efecto indirecto de la generosidad es una mejora en nuestras relaciones con los demás. Cuando tenemos una actitud generosa y damos a los demás nuestro tiempo, energía, consejos, pertenencias materiales, o realizamos cualquier tipo de acto generoso, ciertamente no hay forma de que podamos sentirnos infelices al mismo tiempo. Nuestro corazón se torna más cálido y nos volvemos más pacíficos y felices. Sin embargo, debemos recordar que ser generosos con los otros no debe menoscabar nuestra capacidad de amar y cuidarnos a nosotros mismos. Es vital tener un fuerte sentido de autoestima y amor propio como base para extender el amor y la generosidad a los demás. Sin lo anterior, estaremos limitados en cuanto a lo que podemos compartir con los demás.

Compasión

La compasión es esencial si queremos llevar una vida genuinamente feliz, por esta razón los métodos para desarrollarla se explican en detalle a lo largo de este libro. La compasión es cuidar de otras personas y de nosotros mismos de una manera sabia, con una fuerte conciencia y reconocimiento de que todos deseamos la felicidad por igual. La verdadera felicidad nunca se puede alcanzar si la buscamos a expensas de otras personas, pero ciertamente se alcanza al tener compasión por los demás. Aún así, es esencial que primero cultivemos la compasión y el cuidado de nosotros mismos. Esto incluye cosas como comer bien, hacer ejercicio y reservar un momento de tranquilidad para 'recargar las pilas'. No podemos ser compasivos con los otros si no somos compasivos con nosotros mismos.

Cuando sentimos verdadera compasión, no importa si nos gusta o disgusta la otra persona, o si la encontramos inteligente o poco inteligente. De la misma forma en que queremos ser felices, la compasión implica que tú también quieres que los *otros* sean felices reconociendo que todos tienen este mismo deseo. Esto tiene un impacto tanto directo como indirecto en nuestra felicidad. Cuando mostramos compasión genuina, especialmente sin esperar nada a cambio, nuestras acciones hacia los demás serán amables y amorosas y nuestras relaciones con ellos seguramente mejorarán. Más importante aún, nuestra propia mente estará clara y tranquila como un cielo de verano brillante sin una sola nube. La felicidad verdadera nunca se podrá alcanzar si la buscamos a expensas de otras personas, pero sin duda alguna, se logrará al tener compasión por los demás.

ACCIONES SALUDABLES

Entonces, ¿cómo desarrollamos estas cualidades saludables? No es suficiente simplemente sentarse y pensar internamente que día tras día 'debes estar agradecido, o que debes tener confianza en tí mismo'. Tenemos que tener en cuenta que nuestros pensamientos guían nuestras acciones, y que al mismo tiempo nuestras acciones tienen cierta influencia en cómo pensamos y en las situaciones que nos rodean. A veces, es posible que no tengamos la experiencia o la sabiduría para saber cómo actuar en una situación determinada. En vista de lo anterior, a lo largo de este libro he proporcionado una guía específica sobre cómo podemos vivir la vida basándonos en *acciones saludables* . Actuar de manera cultivada y madura, con nuestras acciones guiadas por un fundamento de buena conducta ética, nos conducirá a una actitud mental más sana y hará de la mente un lugar más fértil para que crezca la felicidad.

A medida que envejecemos y las circunstancias de nuestra vida cambian, nos enfrentaremos con muchos desafíos diferentes. Por ello, he proporcionado una guía específica para los tipos de desafíos que generalmente se experimentan en las diferentes etapas de la vida. Aún así, detrás de todos estos consejos hay algunos conceptos o reglas básicas para vivir una buena vida. Estas cinco reglas (o "cinco preceptos" como le llamamos en budismo) provienen de las enseñanzas del Buda directamente. Estos preceptos se reflejan en casi todas las enseñanzas morales y religiosas del mundo entero y proporcionan un buen marco moral de cómo se debe vivir, (¡aunque su interpretación puede ser compleja a veces!). Estas cinco reglas son:

1. No Matar

Esto significa que no debemos matar ni dañar intencionalmente a ningún ser vivo, incluyendo criaturas como mosquitos, hormigas o arañas. Todo ser vivo tiene sentimientos tales como el miedo, por lo tanto estamos obligados a respetar y proteger todas las formas de vida. Esto también se aplica a la pesca recreativa, ya que los peces experimentan un inmenso dolor y estrés a cambio del placer personal que simplemente te proporciona este pasatiempo.

2. No Robar

No debemos tomar la riqueza o propiedad que pertenece a otros sin su permiso, y solo debemos tomar lo que se da libremente sin manipulación.

3. No Mentir

No debemos mentir o encubrir la verdad para nuestro propio beneficio o en defensa de nuestro propio interés.

4. Evitar La Conducta Sexual Iinapropiada

Debemos abstenernos de participar en una conducta sexual inmoral que conlleve consecuencias dañinas para nosotros y los demás.

5. Evitar Intoxicantes Dañinos

No debemos consumir intoxicantes como el alcohol u otras drogas sabiendo que nublan la mente, dañan el cuerpo y conducen a dañar a otros o a nosotros mismos.

Cuando hablamos de acciones saludables, también se incluyen las cosas que debemos hacer para cuidarnos de la mejor manera posible. De la misma manera que debemos evitar dañar a los demás, también debemos evitar dañarnos a nosotros mismos al no prestar atención a nuestra dieta, comer en exceso, tener malos hábitos de sueño o descuidar el ejercicio. En el Tíbet, la mayoría de las personas tienen una vida bastante dura, por lo que tienden a hacer mucho ejercicio durante el día y siguen una buena dieta, siendo la obesidad casi nula. Sin embargo en Occidente a menudo tenemos un estilo de vida sedentario donde el ejercicio y la alimentación saludable son opcionales. Frecuentemente estamos demasiado ocupados para dedicarle tiempo a esta área de nuestras vidas.

No hay duda de que el ejercicio es beneficioso para nuestro bienestar físico, y sabemos que también lo es para el bienestar mental. Un estudio reciente concluyó que para algunos pacientes con depresión, hacer ejercicio tres veces a la semana es tan útil como tomar un antidepresivo.[12] Además, aquellos que solo tomaban el medicamento, tenían más probabilidades de recaer en la depresión que aquellos que hacían ejercicio. Del mismo modo, otros estudios han demostrado que la actividad física regular reduce la ansiedad, mejora el sueño, mejora el funcionamiento mental y aumenta la autoestima.

Como budista también creo que es un hecho, que nuestras acciones diarias o karma contribuyen a los eventos que nos suceden en esta y la próxima vida. Aunque es posible que no compartas este punto de vista, creo que es importante mencionar estas ideas pues considero que pueden beneficiarlos a todos. Incluso si no estás familiarizado con la idea del karma, aún puede ser útil comprender cómo el gozo o la frustración que experimentamos dependen, fundamentalmente, de cómo nos tratamos los unos a los otros.

SUPERAR ESTADOS MENTALES NOCIVOS

Si bien necesitamos cultivar y adoptar cualidades mentales saludables, es igualmente importante reconocer y abandonar los estados mentales negativos o malsanos. Estos son los principales obstáculos para alcanzar la felicidad genuina. Estas cualidades malsanas provienen esencialmente de la falta de sabiduría e incluyen:

- Baja autoestima
- Miedo o ansiedad excesivos
- Falta de autocontrol
- Apatía
- Complacencia
- Descontento
- Avaricia y codicia
- Orgullo y arrogancia
- Negación
- Egoísmo
- Intolerancia
- Impaciencia
- Odio o resentimiento
- Ira incontrolada
- Ingratitud
- Cinismo

A largo plazo, estos estados mentales malsanos siempre conducirán a un aumento del sufrimiento y la insatisfacción que experimentamos. Por tanto, deberíamos intentar identificarlos lo mejor que podamos para poder superarlos. A pesar de que erradicar nuestras tendencias negativas no es una tarea fácil, definitivamente es posible lograrlo si trabajamos hábilmente para superarlas.

Entonces, ¿cómo podemos hacer esto? En primer lugar, si nos adiestramos diligentemente para enfocarnos en las cualidades positivas, especialmente en la gratitud y la compasión, las otras cualidades malsanas disminuirán gradualmente. Esto se asemeja a un carpintero experto que golpea y extrae una clavija gruesa utilizando una fina. De igual manera, podemos reflexionar profundamente en torno a los peligros o desventajas de las tendencias malsanas, recordándonos que siempre resultan en sufrimiento para nosotros y para los demás.

A pesar de que adiestrar nuestra mente de esta manera puede ser más difícil que bajar de peso, por ejemplo, un compromiso con este tipo de trabajo será mucho más beneficioso a largo plazo. A medida que nuestras mentes se vuelvan más pacíficas y estables con el tiempo, las tendencias malsanas disminuirán gradualmente y las buenas cualidades como el amor y el valor brillarán.

A muchos de nosotros nos resultará difícil superar las emociones fuertes ya que están firmemente arraigadas en nuestra mente subconsciente. Estas emociones e impulsos son como una sombra que siempre está con nosotros aunque no nos percatemos de su presencia. Frecuentemente se conectan con eventos difíciles de nuestras vidas y que tratamos de obliterar. Estos desencadenantes particulares se asocian con ciertos recuerdos dolorosos o creencias erróneas tales como *no soy lo suficientemente bueno*. Cuando estos pensamientos regresan de manera descontrolada para atormentarnos con reacciones malsanas transformadas en ira, vergüenza o ansiedad, se asemejan a un pájaro que se abalanza sobre nosotros cuando ve a su presa. Aunque estos impulsos y emociones negativas son hasta cierto punto una parte normal de la condición humana, la buena noticia es que definitivamente se pueden cambiar.

Entonces, ¿qué podemos hacer con estas emociones tan arraigadas? La clave es hacer brillar la luz de la conciencia compasiva sobre ellas. En lugar de intentar negar, evitar o combatir nuestra experiencia interna de pensamientos, sentimientos y recuerdos desagradables, que pueden crear mucho más sufrimiento a largo plazo, primero podemos aprende a aceptarlos como parte de nuestra condición humana. Entonces podremos ver que no tienen que interferir necesariamente con nuestra habilidad de vivir una vida valiosa y significativa.[13]

Además, podemos aprender a reconocer que debajo de las emociones 'negativas' como la ira y la vergüenza, a menudo hay una intensa claridad, valentía, y un profundo sentido de preocupación por los demás. Con la práctica, podemos aprender a evitar los extremos de la ira incontrolada por un lado, y un sentimiento de vergüenza o dolor interior por el otro. Ambas reacciones se basan en una percepción falsa de la realidad. Sin embargo, si observamos la experiencia o el sentimiento crudo antes de que dichas reacciones tomen el control, podemos transformar estas emociones en una expresión de profundo cariño, como un médico hábil que es capaz de convertir en medicina lo que normalmente sería venenoso para nosotros. Entonces, podemos elegir involucrarnos de manera asertiva con nuestro cuerpo y palabra mientras que nuestra mente está completamente libre de ira incontrolada o percepciones falsas. De igual forma podemos elegir no involucrarnos entendiendo que este puede ser el mejor curso de acción sin aferrarnos a ninguna reacción tales como la vergüenza y el resentimiento, o simplemente reconociendo cómo estas reacciones solían desencadenarse en el pasado.

A menudo mantenemos suposiciones erróneas sobre nosotros mismos y el mundo en el que vivimos por mucho tiempo. Ello nos conduce a creencias poco saludables que nos hacen experimentar fuertes reacciones emocionales una y otra vez.[14] Todo ello puede ser reforzado por una cultura que nos alienta a tener éxito, a no detenernos, e ignorar muchas de las cosas que nos desafían. Por ejemplo, es posible que tengamos una idea preconcebida de cómo deberían salir los acontecimientos en nuestra vida, que todo en ella debería salir como nos gusta, o que solo somos buenas personas si se cumplen determinadas condiciones. Podríamos pensar que la felicidad solo llegará si seguimos esforzándonos por ser los mejores, ganamos la aprobación de los demás, o ganamos mucho dinero. Tal vez tengamos la idea de que lograr la felicidad no es realista porque nuestra situación es muy mala, y ello nos deprime o desanima. Por otro lado, es posible que solo tengamos una comprensión limitada de lo que es la felicidad y nos bloqueemos para no descubrir los niveles más profundos de la misma. En el nivel más extremo ¡incluso podemos llegar a pensar que es imposible alcanzar la felicidad en lo absoluto!

Todas estas suposiciones son obstáculos para la sabiduría y desafortunadamente, algunas incluso pueden ser reforzadas por las personas y la cultura que nos rodean. Tomar conciencia de estas suposiciones puede ayudarnos a cambiar nuestra forma de pensar y aprender a aceptar lo que está sucediendo, en lugar de seguir luchando contra ellas. También puede conducir a una compasión genuina por aquellos que atraviesan luchas similares -aprendemos a tocar nuestro 'punto débil' y obtenemos una humilde aceptación de la condición humana.

Para desafiar estas suposiciones y poder aceptar genuinamente quiénes somos, es importante que hablemos abiertamente con personas en las que confiamos. Esto puede incluir un consejero, un grupo de apoyo, un amigo cercano o un conocido con cierta sabiduría, especialmente si han pasado por experiencias similares a las nuestras. Siempre debemos recordar que alguien con menos experiencia puede ayudarnos. Pero también asegúrate de consultar a un médico si te sientes deprimido o si estás abrumado por la vida cotidiana, y si crees que no te encuentras funcionando normalmente.

Mientras aprendemos a aceptar el dolor y las tendencias negativas que son una parte inherente del ser humano, también podemos continuar con la labor de crear una vida valiosa y significativa para nosotros mismos. Este es el enfoque principal del resto de este libro. Al hacerlo, cultivaremos naturalmente estados mentales positivos como el altruis-mo, mientras debilitamos gradualmente nuestras tendencias negativas para transformarlas eventualmente. De esta forma nosotros mismos po-demos adiestrarnos progresivamente en el control de nuestras emocio-nes al mismo tiempo en que aceptamos su existencia, y el sufrimiento que proviene de su presencia. Cuando ya no estemos controlados por las emociones y hayamos aprendido a conquistar el hábito de ponernos a nosotros mismos en primer lugar, entonces reconoceremos nuestra ver-dadera naturaleza 'altruista': la fuente de la cual todas las buenas cuali-dades surgen naturalmente.

FELICIDAD A TRAVÉS DE LAS ETAPAS DE LA VIDA

Las causas fundamentales de la felicidad siguen siendo las mismas a lo largo de nuestra vida sin importar la edad que tengamos. Todos tenemos el potencial de cultivar nuestras mentes de forma que permita que las semillas de la felicidad crezcan. La esencia, o características de los proce-sos mentales directos son de igual importancia en todas las edades. Las características mentales indirectas tienden a crecer y tener altibajos en su importancia, dependiendo de la etapa de la vida en la que nos encon-tremos y las metas que persigamos.

Debido a que todo ser humano tiene el potencial de alcanzar la felici-dad independientemente de su edad, discutiré las distintas etapas de la vida y ofreceré algunos consejos para cada una de ellas. Puedes consul-tar la sección que trata específicamente sobre tu grupo de edad, o puedes aprender de todos ellos, quizás obteniendo consejos útiles sobre la feli-cidad que posiblemente no habías escuchado antes. Así mismo puedes intentar identificar las cualidades mentales saludables que te resultan más naturales y centrarte más en estas fortalezas. Luego encontrarás que muchas otras buenas cualidades comenzarán a surgir de forma natural.

Antes de comenzar debo señalar que la felicidad requiere adiestra-miento persistente de la mente, y para algunas personas esto puede requerir una gran diligencia y determinación. Así como los médicos necesitan muchos años de formación antes de poder ejercer la medicina, la mayoría de nosotros también necesitamos un gran adiestramiento de nuestras actitudes y acciones para llegar a la etapa en la que podamos mantener un sentimiento constante y permanente de felicidad. Por lo que te insto a que pienses en este libro como una joya preciosa y que sigas apoyándote en él siempre que te enfrentes a dificultades, al igual que en los buenos momentos. Recuerda que este libro es uno de los muchos recursos disponibles y puede que no proporcione necesariamente la orientación más adecuada a tu situación. Por consiguiente, es aconsejable leer otros libros o buscar el consejo de personas u organizaciones que creas que puedan serte de ayuda.

Espero que puedas recordar los consejos que te aplican dondequiera que se presenten en este libro. Es importante no sólo contentarse con una comprensión intelectual, sino *aplicar estas enseñanzas en la vida cotidiana*. Si tomas este consejo en serio, tengo una gran confianza en que experimentarás una diferencia significativa en tu nivel de felicidad.

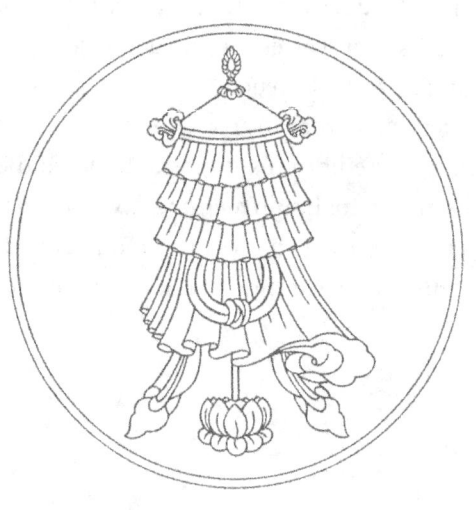

Sembrando las Semillas de la Felicidad

Este capítulo contiene algunos cuentos cortos diseñados para que los padres lean en voz alta a sus hijos, o para que los niños las lean por sí mismos si tienen la edad suficiente. Normalmente en un libro infantil encontramos imágenes, fotografías y otros medios sencillos y claros para comunicar un mensaje. Sin embargo, dado que este libro no es solo para niños, éste no contiene imágenes, y algunos de los mensajes integrados en estas historias pueden ser más complejos que los que se encuentran en los libros infantiles en general.

En términos generales, los niños son naturalmente más felices que los adultos debido a la ausencia de grandes responsabilidades y preocupaciones. La felicidad casi siempre está a su alcance; pueden jugar y estar alegres sin que nadie les enseñe cómo hacerlo. Sin embargo, es muy importante que sembremos las semillas de la felicidad futura a una edad temprana, para que los niños aprendan a ser prudentes y encuentren la verdadera felicidad en la edad adulta. Los siguientes cuentos cortos están destinados a ser como señales de tránsito a lo largo de la carretera, apuntando en la dirección hacia una vida feliz. Mi deseo es que los padres los lean y analicen con sus hijos, ayudando a plantar las semillas de buenas cualidades que seguramente les ayudarán durante toda su vida.[15]

La historia de la satisfacción

Jenny tenía muchos juguetes caros y era muy posesiva con estos. La niña se rehusaba a dejar que nadie más jugara o incluso tocaran sus juguetes. A pesar de que tenía muchos juguetes viejos que ya no le gustaban ni con los que jugaba, seguía negándose a dárselos a nadie más. Jenny nunca estuvo contenta y siempre quiso cosas nuevas a pesar de las muchas que ya tenía.

John, por otro lado, no tenía tantos juguetes pero estaba contento con los que ya tenía. Era un niño muy llevadero, fácil de complacer, y siempre ofrecía compartir sus juguetes con otros niños, especialmente con los que eran menos afortunados que él. John no necesitaba mucho para ser feliz. Cuando no tenía juguetes, se divertía jugando con piedras y ramitas o lo que fuera que pudiera encontrar.

A medida que los dos primos crecieron siguieron su misma conducta. Jenny nunca estaba contenta con lo que tenía, siempre queriendo algo más. Estaba insatisfecha con su novio a pesar de que éste era muy amable y la amaba mucho. Pensó que podría encontrar a alguien más guapo e inteligente que él. Jenny también tenía buenos amigos y muchas posesiones, pero no importando cuánto tuviera, nunca estaba contenta o realmente feliz con nada. A medida que creció siguió así y terminó siendo una mujer muy insegura, infeliz y solitaria.

John permaneció agradecido y contento por lo que tenía sin importar lo que le faltaba. Siempre estaba relajado y era considerado en sus relaciones con los demás. Creció como un hombre muy feliz y querido, con muchos amigos maravillosos y una familia fuerte, sana y amorosa. Dondequiera que iba compartía su felicidad. John encontró la forma de vivir contento desde muy joven. De alguna manera sabía que la felicidad no se trataba de tener muchas cosas, sino de compartir lo que tenía con los demás.

¿Qué persona preferirías ser y por qué? Habla con alguien sobre esto, quizás tu mamá o tu papá ¿Cómo responderían a esta pregunta?

LA HISTORIA DE LA AMISTAD[16]

Había una vez una urraca que vivía en las ramas de un sauce junto a un lago. En las aguas de este lago no lejos del sauce, vivía una tortuga. También había un venado que a menudo venía a beber al lago. Los tres animales eran amigos muy cercanos.

Un día, cuando Venado llegó a la orilla del lago para beber agua, de repente cayó en una trampa que había dejado un cazador. Su pata fue atrapada por cuerdas muy fuertes. Al escuchar sus gritos Tortuga y Urraca se reunieron rápidamente para discutir la mejor manera de ayudar a su amigo.

Urraca dijo: 'Hermana Tortuga, como tus mandíbulas son fuertes y resistentes, puedes usarlas para masticar y cortar estas cuerdas. Mientras tanto, encontraré una manera de impedir que el cazador regrese al lago.'

Y así Tortuga comenzó a masticar las cuerdas mientras Urraca volaba hacia la cabaña del cazador.

A la mañana siguiente, el cazador salió por la puerta de su cabaña llevando un cuchillo afilado. De repente apareció Urraca y voló hacia su cara golpeándola con todas sus fuerzas una y otra vez. Aturdido por el ataque el cazador corrió de regreso a su cabaña, pero poco tiempo después se escabulló por la puerta trasera. Sin embargo, Urraca era muy lista y ya había considerado que él cazador pudiera hacer esto, por lo que al verlo se abalanzó sobre él nuevamente y comenzó a atacar, golpeándolo fuertemente en la cara con sus garras. Desanimado por este segundo ataque, el cazador concluyó que era un día desafortunado y decidió descansar, pensando que sería mejor intentarlo al día siguiente.

Desafortunadamente para los tres amigos, a la mañana siguiente el cazador se preparó para otro ataque de Urraca cubriéndose la cara con un sombrero. Incapaz de detener al cazador, Urraca se apresuró a regresar al bosque para advertir a sus amigos.

'¡El cazador está en camino!', gritó.

A estas alturas Tortuga había logrado masticar hasta casi la última cuerda, a pesar de que se sentía tan dura como el acero y sus mandíbulas estaban ahora ensangrentadas y en carne viva. Justo cuando el cazador apareció a la vista, Venado dio una lucha todopoderosa y con una patada rompió la última cuerda antes de correr hacia el bosque.

Enojado por ver a Venado escapar, el cazador levantó a la exhausta Tortuga y la puso en su saco de cuero que dejó colgado en la rama de un árbol cercano. Luego se fue a buscar a Venado.

Oculto detrás de unos arbustos, Venado vio el peligro en el que estaba Tortuga. 'Mis amigos arriesgaron sus vidas por mí' pensó, 'así que ahora debo hacer lo mismo por ellos'. Y así, fingiendo estar muy cansado, salió a plena vista del cazador.

Pensando que sería una presa fácil, el cazador comenzó a perseguir a Venado. Cuando ya estaban en lo profundo del bosque, Venado salió de repente disparado y corrió hasta que estuvo fuera de la vista del cazador. Cubriendo las huellas de sus pezuñas regresó al lago. Usando su cornamenta para levantar la bolsa del cazador colgada en la rama, la sacó y sacudió hasta liberar a Tortuga. De esta forma Tortuga pudo arrastrarse hasta esconderse en el agua, mientras que Venado regresó corriendo al bosque.

Al regresar al lago, el cazador encontró su bolsa vacía tirada en el suelo. Frustrado y decepcionado, tomó su cuchillo y regresó a su cabaña. Estaba tan desanimado que pensó que debería dejar de cazar - ¡quizá podría trabajar en la granja de su vecino!

Tortuga y Urraca habían salvado la vida de Venado, y ahora Venado seguramente había salvado la vida de Tortuga. Más aún, al observar la amistad entre los animales y cómo habían trabajado para ayudarse mutuamente, el cazador tomó la decisión de dejar de cazar. Al ver cuánto se cuidaban los unos de los otros, el cazador se dio cuenta de que estaría mal matarlos, de la misma forma que sería incorrecto hacerle daño a nuestros. propios amigos.

Imagina que eres Tortuga en esta historia. Piensa en los amigos que has hecho en esta vida. ¿Quién sería Urraca? ¿Quién sería Venado?

¿Qué significa para ti ser un buen amigo? ¿Cómo puedes demostrarle a otra persona que eres su amigo?

LA HISTORIA DE LA AUTOACEPTACIÓN

Había una vez un niño llamado Alex. Cuando apenas comenzaba a andar, quedó atrapado dentro de una casa que se incendió accidentalmente. Fue rescatado por dos valientes bomberos justo a tiempo, pero tuvo que ir al hospital para varias operaciones debido a sus graves quemaduras. Ahora tenía una fea cicatriz que comenzaba desde el lado izquierdo de su cuello hasta el final de su brazo izquierdo.

Alex era muy tímido en la escuela porque estaba avergonzado por su apariencia. Su uniforme escolar no ocultaba completamente sus cicatrices, y a menudo se burlaban de él porque se veía diferente a los otros niños. Los demás niños nunca pensaron en cómo se sentía Alex al respecto.

Se mofaban de él cruelmente llamándole .'Alex, el niño reptil', Deseaba ser más grande y más fuerte para tener el coraje de defenderse cuando se burlaban de él. En cambio, simplemente se alejaba silenciosamente y buscaba un lugar donde pudiera estar solo, lejos de los comentarios crueles de los otros niños.

Un día el jardinero de la escuela vio que se burlaban de Alex y se le acercó.

'Veo que tu vida no es fácil', le dijo el jardinero con una voz llena de calidez y empatía. 'Tal vez ayudaría si te cuento una pequeña historia'.

Alex asintió con la cabeza.

'Había una vez una casa,' comenzó el anciano, que desde el exterior parecía un lugar viejo y espantoso. El techo estaba oxidado y la pintura se estaba descascarando de la pared frontal. Incluso las tuberías estaban oxidadas y tenían fugas cada vez que llovía mucho. Por dentro era muy pequeña y el área de la cocina estaba abarrotada. Ni siquiera tenía televisión.

Sin embargo, había una hermosa y acogedora chimenea que resplandecía con un fuego grande y cálido, y un sofá realmente cómodo en el que los visitantes dormían por la noche. Vecinos y muchos amigos solían visitarla con frecuencia. Se quedaban despiertos hasta tarde, acurrucados alrededor de la chimenea, compartiendo historias y pasando un tiempo maravilloso.

'Y así,' concluyó el anciano, 'aunque la casa no se veía tan bien desde el exterior, por dentro era un lugar apreciado y muy confortable para estar. Y esto es lo que realmente importa '.

Alex lo entendió. Realmente no importaba que tuviera una cicatriz de aspecto feo y que se burlaran de él en la escuela, porque lo que cuenta es el tipo de persona que realmente somos por dentro. Pronto los niños que se burlaban de él dejaron de hacerlo al darse cuenta que Alex ya no se molestaba. Tiempo después, un grupo diferente de niños comenzó a jugar con él y finalmente lo aceptaron como un buen amigo.

Alex había aprendido a aceptarse a sí mismo por quien era y con eso pudo encontrar su confianza interna. En consecuencia, otros verían lo valioso que es y lo respetarán por ello.

¿Alguna vez te has sentido como Alex?

¿Eres capaz de aceptarte y amarte a ti mismo tal como eres?

Analiza esta historia con tus padres - ¿cómo debes actuar si otros niños comienzan a molestarte?

LA HISTORIA DE LA IMPORTANCIA DEL PERMANECER CONSCIENTE

Una vez había un grupo de niños sentados juntos en un claro del bosque, se reunieron para escuchar a un sabio maestro conocido como Buda que estaba de visita en su aldea.

El Buda tomó una hermosa rosa roja y la sostuvo ante los niños sin decir una palabra. Todos estaban perfectamente quietos. Sostuvo la flor en un gesto muy gentil y noble, el pulgar y el índice sostenían el tallo de tal manera que seguía la forma de su mano. El Buda sostuvo la rosa de esta manera durante mucho tiempo, sin decir nada. Todos se preguntaban qué quería decir el maestro con este gesto.

Finalmente, el Buda miró a los niños y sonriendo les dijo: 'Niños, esta rosa es una cosa maravillosa y hermosa. Mientras la sostengo tienen la oportunidad de experimentarla y conectar con una realidad maravillosa, para hacer contacto con la vida misma'.

'Pueden preguntarse, ¿por qué él está sosteniendo esta rosa? ¿Cuál es el significado de esto? Sin embargo, si sus mentes están ocupadas por tales pensamientos, no podrán experimentar a la flor verdaderamente. De la misma forma, estar perdido en los pensamientos es una de las cosas que nos impide tener un verdadero contacto con la vida. Si se sienten dominados por la frustración, la ansiedad, la preocupación o los celos, perderán la oportunidad de establecer un contacto real con todas las maravillas de la vida'.

'Hay personas que pueden atravesar un bosque sin ver ni un solo árbol. De la misma manera, aun cuando la vida está llena de sufrimiento, también contiene muchas maravillas que mucha gente no ve.

Así que tengan cuidado para que puedan darse cuenta, tanto del sufrimiento como de la belleza de la vida. Luego podrán entrar en contacto con la vida y experimentarla profundamente. Entonces comprenderán la vida y esta comprensión los llevará al amor por todo aquello de lo que somos parte'.

Los niños se sintieron profundamente conmovidos por las palabras del maestro y cada uno de ellos prometió vivir una vida consciente. Prometieron apreciar las maravillas de la vida que encontraban todos los días, tal como la hermosa rosa.

¿Cuándo fue la última vez que notaste una hermosa flor o cualquier otra cosa que te recordó la belleza de la vida?

Trata de darte cuenta de cuándo estás perdido en pensamientos tales como la preocupación o la frustración. Al darte cuenta, mira si puedes hacer un verdadero contacto con la vida, y observa cómo esto puede cambiar la forma en que sientes y percibes tu entorno.

LA HISTORIA DE LA APRECIACIÓN

En lo alto de las montañas nevadas entre India, Nepal y China se encuentra un país conocido como Tíbet. Al oriente central de este país hay un pequeño pueblo llamado Valle Feliz. La gente de este pueblo no tiene electricidad, coches, autobuses, teléfono, televisión, ni juguetes. Ni siquiera cuentan con una casa. En cambio, ellos viven en tiendas de campaña que hacen con pelo de yak.

En este pueblo vive una familia de cuatro integrantes. El nombre del padre es Yeshe y el nombre de la madre es Tara. Tienen dos hijos, un niño llamado Yori de seis años, y una niña llamada Chimey de cuatro.

Cada mañana, Yori se levanta a las seis en punto, desayuna y pasa el resto del día pastoreando doscientos yaks por las montañas. Los yaks corren por todas partes, por lo que él corre constantemente tras ellos tratando de mantenerlos juntos. Apenas tiene la oportunidad de descansar durante todo el día. Yori no vuelve a comer hasta que regrese a casa para cenar. Él está muy agradecido por su cena de cada noche y siente una profunda gratitud hacia su madre por cocinarle.

Su hermana Chimey se levanta a las siete de la mañana, desayuna y tiene que recorrer un largo camino hasta el río para buscar agua, ya que el río es la fuente de agua más cercana que no está congelada. Como es pequeña, Chimey solo puede cargar una pequeña cantidad a la vez, por lo que todo el día tiene que caminar de un lado a otro desde su tienda al río, hasta acumular agua suficiente. El suelo es muy resbaladizo porque está cubierto de nieve. Yori y Chimey tienen mucho frío ya que la temperatura a veces es de menos treinta grados.

Aún así, Yori y Chimey aprecian la comida que comen y el amor de su familia. Esta percepción los hace ser muy felices. Los niños crecen felices cuidando uno del otro, así como de sus familiares y amigos. Son pobres y, sin embargo, llevan una vida feliz y saludable porque han aprendido a trabajar para los demás y no solo para ellos mismos.

Hay otra familia que vive lejos del Tíbet en una parte afluente de Melbourne, Australia, junto al mar. Hay dos hijos en esta familia, un niño llamado Peter, que tiene tres años, y una niña llamada Carly, que tiene cinco. Cada uno tiene su propio dormitorio con televisión, computadora, muchos libros y juguetes para jugar. Reciben muchos regalos maravillosos en Navidad y en sus cumpleaños. Todos los años la familia viaja de vacaciones al extranjero, visitando países como Inglaterra, Italia y Grecia.

A medida que los niños crecen ya no van a la playa tanto como solían hacerlo. En cambio, se quedan en sus habitaciones viendo películas o chateando en Internet. Peter les pide a los hijos del vecino que jueguen con él en el jardín, pero ellos le dicen que los deje de molestar. Peter pronto aprende a divertirse jugando juegos de computadora por su cuenta. Su papá está cada vez más ocupado en el trabajo y no llega a casa hasta muy tarde, mientras que su mamá suele estar fuera de casa para asistir a reuniones.

Con el tiempo, la familia se distanció el uno del otro y no pasaban mucho tiempo juntos. Todos tienen su propia forma de entretenerse y no necesitan la compañía de los demás integrantes de la familia. Peter se volvió muy callado sin hablar mucho porque se acostumbró a pasar demasiado tiempo solo jugando sus juegos de computadora. Carly pasa la mayor parte del tiempo llamando a los chicos, saliendo tarde por la noche, caminando por las calles con sus amigos y a veces emborrachándose. Como mamá está tan ocupada trabajando en diferentes comités, no se da cuenta de lo que le está sucediendo a su familia, y solo se asegura de que tengan suficiente ropa nueva y dinero para salir.

En la superficie, puede parecer que esta familia lo tiene todo, —todas las cosas materiales que están destinadas a hacernos felices—. Sin embargo, con el paso del tiempo, éstos se volvieron distantes, solitarios y aislados. Perdieron de vista sus abundantes bendiciones y no vieron la importancia de cuidarse los unos a los otros, dejándolos incapaces de experimentar la felicidad verdadera.

¿Cómo crees que la familia de Melbourne, podría haber actuado de manera diferente si hubieran estado conscientes de sus bendiciones?

¿Cómo puedes ser más consciente de las bendiciones con las que cuentas en tu vida?

¿Cómo puedes recordarte a ti mismo que debes estar agradecido por lo que tienes y aprovechar esto al máximo?

Al final de cada día, puedes intentar llevar un diario de todas las cosas por las que estás agradecido. Tal vez, podrías pedirles a tus padres que te ayuden con esto.

La historia de la compasión

Había una vez una familia de cuatro integrantes, formada por una madre, un padre, un hijo y una hija. El niño se llamaba Adam y la niña Anne. Desafortunadamente, su padre era alcohólico y su madre adicta a las drogas. Debido a las adicciones de los padres, ellos eran muy pobres y a menudo ni siquiera podían permitirse lo más básico para vivir, como comida y ropa.

Como no tenían coche ni dinero para ningún otro medio de transporte, los niños fueron a la única escuela que se encontraba a poca distancia de su casa. La escuela no era muy buena. Los profesores no estaban muy atentos, los edificios estaban en ruinas y en las clases había sobrecupo. Fue difícil para los niños aprender.

A veces la familia no tenía nada para comer, la despensa estaba completamente vacía. En estas ocasiones, Adam y Anne iban juntos a la iglesia local a buscar comida. Se hicieron buenos amigos del sacerdote de la iglesia que era muy amable y compasivo. Cada vez que estaban juntos, el cura les enseñaba sobre la bondad y la compasión, y así los niños pusieron en práctica estos consejos en su vida diaria.

'La práctica de la compasión te da más fuerza interior y más calma, les decía. Podrán ayudar a los demás, pero si aún esto no fuese posible, no importa porque serán los verdaderos ganadores. Al actuar compasivamente se beneficiarán el 100% todas las veces.

Después de pensar mucho en ello, Adam y Anne se dieron cuenta de que eso tenía que ser cierto. Intentaron practicar la compasión dondequiera que iban y con cualquier persona que estuvieran, incluso con las personas que no les agradaban. Siempre pusieron a los demás antes que a sí mismos, e intentaron imaginar cómo se sentirían si estuvieran en los zapatos de las otras personas. Al practicar esto diariamente, pronto descubrieron que se habían olvidado de sus propios problemas ya que siempre estaban pensando en los demás. Como consecuencia, desarrollaron una mayor fuerza interior y nunca se sintieron miserables por su situación.

Esta práctica de la compasión comenzó en casa. Sus padres discutían frecuentemente y su madre estaba deprimida la mayor parte del tiempo. Adam y Anne trataron de decirle que las cosas mejorarían y que ella no era una madre terrible. Aunque su papá se enojaba con ellos a veces, los niños también trataron de no reprocharle. Tenía mucho estrés y preocupaciones en su vida, y a pesar de que sus acciones fueron malas, sabían que era una buena persona y que en el fondo solo quería que él y su familia fueran felices.

Adam y Anne se hicieron muy conocidos y respetados en su comunidad. Con su ayuda, sus padres lograron superar sus adicciones. Así mismo ayudaron a los amigos de sus padres que tenían problemas similares. A menudo visitaban a ancianos y enfermos. Siempre eran amables con sus vecinos. Un día, un reportero de televisión se enteró Adam y Anne y decidió difundir la historia de los 'niños compasivos'.

Como resultado de la publicación de esta historia en la televisión, la comunidad recaudó mucho dinero para permitir que Adam y Anne contaran con las posibilidades de recibir una buena educación. Fueron a una gran escuela y luego a la universidad, obteniendo muy buenas notas. Cuando completaron su educación, regresaron a su comunidad y se convirtieron en grandes maestros. Enseñaron a otros todo lo que habían aprendido por ellos mismos: que podemos cambiar cualquier situación para mejorar, siempre que pongamos la compasión en práctica. Podemos transformar la forma en que nos llevamos con nuestros padres, nuestros amigos, así como con los extraños, e incluso podemos cambiar el mundo de alguna manera.

¿Te gustaría vivir una vida de compasión como Adam y Anne?

¿Qué perderías si siempre pensarás en los demás antes que en ti

mismo? ¿Qué ganarías?

¿Cómo podrías empezar en este instante a actuar compasivamente en tu vida?

UNA HISTORIA ESPECIAL PARA NIÑOS MAYORES
LA HISTORIA DE LA LIBERTAD INTERIOR

En la ciudad de T'ien-chu habían dos niños chinos que estudiaban en la misma escuela y eran buenos amigos. Uno se llamaba Fuzu y el otro Jujan. Los padres de ambos habían sido asesinados por soldados del gobierno chino. Los niños estaban abrumados por una gran tristeza en sus corazones.

Les preguntaron a muchos adultos por qué habían matado a sus padres. Los adultos les dijeron: 'Desafortunadamente, no tenemos derechos humanos ni libertad real en este país'.

Muchas veces los niños preguntaron a los adultos: ¿cómo logramos la libertad? Algunos respondieron que nunca podrían lograr la libertad creyendo que la gente estaría bajo el control del gobierno para siempre, y que simplemente tenían que aceptarlo. Otros les dijeron que si aprendían las leyes tal vez podrían encontrar algo de libertad.

Por lo tanto ambos jóvenes decidieron estudiar Derecho después de graduarse de la preparatoria, deseando encontrar una respuesta a su pregunta. No obstante, pronto se dieron cuenta de que aunque en teoría la ley era justa y equitativa, lo que estaba escrito no siempre se practicaba. Lamentablemente, muchos funcionarios gubernamentales y policías eran corruptos. Si alguien denunciaba un delito, a menudo no se le daba seguimiento porque otra persona pagaba un soborno para detener la denuncia. Entonces, los dos se dieron cuenta de que comprender la ley no les servía de mucho y más que nada solo les ayudaba a tener dinero. Por lo tanto dejaron de estudiar Derecho pensando que no tenía sentido.

Un día, los dos muchachos concertaron una reunión con un político retirado que tenía muy buen conocimiento de la política y del Derecho Internacional. Le hicieron la misma pregunta: ¿cómo podemos alcanzar la libertad?

Él respondió: si quieren la libertad individual tienen que emigrar a un país democrático como Suiza o Estados Unidos. Sin embargo, si desean libertad interior, deben preguntarle a un monje budista muy experimentado y sabio. El les dirá cómo.

Fuzu no entendía lo que el político quería decir con 'libertad interior' aunque entendía muy bien lo que significaba la libertad individual. Le dijo a Jujan: quiero mudarme a Shanghai y luego intentar llegar a América. ¿Vendrás conmigo?"

Jujan respondió: antes de buscar la libertad individual en un país occidental, tal vez deberíamos descubrir primero qué es la libertad interior.

Fuzu no estuvo de acuerdo, así que se fue a Shanghai solo y tramitó una visa de turista para América. Una vez en Estados Unidos, pudo obtener una visa de refugiado.

Al principio, Fuzu pensó que su nueva vida en América era fantástica. Estaba muy contento con el sistema político y las muchas oportunidades disponibles para vivir la vida que buscaba. Encontró un buen trabajo y se casó con una mujer estadounidense con la que tuvo cuatro hijos. Quería muchos hijos porque en China solo se permitía tener uno solo.

Sin embargo, a pesar de sus libertades individuales, Fuzu y su esposa no estaban contentos con lo que tenían. Este descontento eventualmente causó una ruptura en su matrimonio que finalmente culminó en divorcio. Posteriormente, Fuzu se volvió a casar dos veces, pero las cosas solo empeoraron y no mejoraron. Tuvo muchos hijos con diferentes mujeres con las que se casó, pero rara vez pudo pasar tiempo con ellos porque estaban ocupados con sus propias vidas. Su vida resultó ser muy estresante y solitaria. Finalmente, recurrió al alcohol y las drogas para ayudarse a sobrellevar su situación. Debido a ello, tanto su salud mental como física empeoraron cada vez más.

Mientras tanto, Jujan organizó una reunión con un monje chino y le preguntó cómo podía alcanzar la libertad interior.

El monje le respondió, "no puedo darte una respuesta instantánea, pero si te conviertes en monje quizás descubras por ti mismo lo que significa la libertad interior. Hay un monasterio tibetano llamado *Zamthang* en la provincia de Shechuan al que te gustaría ir. Visité este monasterio hace unos años y quedé muy impresionado. Sin embargo, el único problema es que no hablan chino, solo tibetano".

Jujan agradeció al monje su consejo. Se sintió tan inspirado que cuando escuchó el nombre de este monasterio partió de inmediato, viajando en autobús y luego en camión. Cuando llegó y conoció al abad Lama Lobsang, quedó increíblemente conmovido. Cuando miró a los ojos del lama, supo que conocía el secreto de una libertad interior más profunda de lo que jamás había imaginado. Pronto Jujan le dijo al lama que deseaba dedicar su vida a alcanzar la libertad interior.

El lama respondió: "¿estás seguro? No hay garantía de cuánto tiempo llevará lograrlo, pero si este es tu deseo, debes estudiar el idioma tibetano y la práctica budista".

Jujan estaba decidido. Fue ordenado monje budista y estudió diligentemente el idioma tibetano y el budismo con la ayuda de un traductor. Después de tres años de estudio pudo leer y comunicarse con fluidez en tibetano. Posteriormente, dedicó ocho años más al estudio de la práctica y meditación budista convirtiéndose en ejemplo de un buen monje budista.

Un día, las autoridades chinas visitaron el monasterio de Jujan, al igual que a todos los monasterios tibetanos, ordenando que todos los monjes firmaran un formulario. El formulario estaba escrito en chino por lo que los monjes no tenían idea de lo que estaban firmando; simplemente les dijeron que era un acuerdo contra los 'enemigos de nuestro país'.

Jujan leyó el formulario y se molestó mucho al descubrir que los chinos estaban ocultando la verdadera intención y significado de su contenido. De hecho, se trataba de una declaración en la que los monjes afirmaban estar en contra del Dalai Lama, líder espiritual budista. Jujan se negó a firmar el formulario y les dijo a los otros monjes que también se negaran. Luego se peleó con uno de los funcionarios chinos. Intentaron arrestar a Jujan, pero éste luchó valientemente y algunos de los otros monjes incluso trataron de ayudarlo. Luego de luchar por unos minutos logró separarse de las autoridades y escapar pensando que esta era su mejor opción. Después de este incidente, sabía que no era seguro regresar al monasterio por lo que decidió recoger sus pertenencias y unirse a un pequeño grupo de tibetanos que estaban cruzando las montañas del Himalaya con la esperanza de escapar a la India.

Los fugitivos tuvieron que tomar una ruta larga para eludir a los soldados chinos por lo que el viaje terminó demorando un mes y medio. Muchos resultaron con lesiones en el camino ya que las carreteras eran muy ásperas y resbaladizas, cubiertas de hielo, nieve y a veces, de matorrales densos y espinosos. Durante la caminata, Jujan se enamoró de una mujer tibetana del grupo llamada Pema. Como ésta había estudiado en una escuela china podía hablar chino con fluidez. Comenzaron a conversar entre ellos y pronto descubrieron que tenían muchas cosas en común.

Después de muchas aventuras llegaron a la recepción de refugiados tibetanos en Nepal y luego continuaron viaje hacia la India. Cuando finalmente llegaron, tuvieron que matricularse en un internado para adultos donde más de mil refugiados tibetanos eran alimentados, protegidos y educados de forma gratuita. Solo un pequeño número de estudiantes eran mujeres, porque en general era más fácil para los hombres viajar largas distancias. Por tal razón, las mujeres eran escasas.

Un día un hombre con mucho dinero y estatus social se enamoró de la novia de Jujan y la pareja se separó. El corazón de Jujan estaba completamente roto, no podía estudiar ni dormir en lo absoluto.

Al abandonar la escuela ya no tenía comida ni donde vivir por lo que fue a mendigar a un monasterio por comida, durmiendo en el bosque durante unas semanas. Pronto decidió que no podía seguir viviendo así.

Pensó para sí mismo, "he pasado por tanta angustia y sufrimiento. Realmente el dinero no me importa tanto, ni las novias o lo que otras personas piensen de mí. Ahora puedo ver la verdad de que estas cosas no son la fuente verdadera de felicidad. Solo quiero vivir una vida sencilla y regresar a mi objetivo original. Lo que más deseo es encontrar la libertad interior".

Así, Jujan fue a la oficina del Dalai Lama y acordaron proveer regularmente una cantidad de dinero para cubrir alimentos y otras necesidades básicas si practicaba genuinamente. Le ofrecieron vivir en una de las cabañas de retiro del bosque en lo alto de la montaña. Allí permaneció durante quince años enfocando su mente completamente, y descubriendo el estado pacífico natural de su mente, libre del control de pensamientos y emociones.

La mayoría de las personas tienen emociones descontroladas, por lo que si alguien tiene la mala suerte de que le roben alguna propiedad, se enferme, o tenga que terminar una relación cercana estará normalmente muy triste o deprimido. Controladas como están por sus emociones, la gente reaccionará de este modo, pero Jujan superó el control que sus emociones tenían sobre él. Se recuperó por completo de su angustia y ya no era un esclavo de los caprichos de sus emociones. Era capaz de vivir con muy poca comida para sustentarse y ser completamente feliz por sí mismo. Incluso podría curar todas sus propias enfermedades sin la ayuda de un médico. Cuando se enteró de que su familia había muerto, no se molestó; se dio cuenta de que la muerte es una parte inevitable de la vida y lo aceptó con compasión y humildad. La historia de Jujan se extendió por toda la India y se hizo muy famoso. Aunque no permitió que llegaran visitantes, muchos periodistas y turistas tomaron su foto desde la distancia.

Un día recibió una carta de un gran templo chino en América, pidiéndole que los visitara, bendijera su templo y ofreciera algunas enseñanzas. Aceptó la invitación porque tuvo la visión de que encontraría a su viejo amigo Fuzu, y estaba complacido de poder hablar sobre sus experiencias por primera vez en su idioma nativo.

Cuando llegó a Estados Unidos entró al templo, realizó algunas ceremonias para bendecir el recinto y dio algunas enseñanzas. Mucha gente vino a escucharlo. En ese momento Fuzu estaba pasando por un gran sufrimiento mental, por lo que buscaba consuelo espiritual. Por eso llegó al templo. No tenía idea de que allí encontraría a su viejo amigo Jujan quedando asombrado cuando lo vio. Jujan permitió que Fuzu pasara la noche con él en el templo. Durante toda la noche hablaron sobre cómo Fuzu había encontrado la libertad individual, mientras que Jujan había descubierto la libertad interior.

¿Qué necesitas para lograr la libertad individual? ¿Qué necesitas para encontrar la libertad interior?

¿Cuál crees que es la forma más valiosa de libertad?

¿Cómo podemos aprender a controlar nuestra felicidad?

¿Cómo podrías encontrar la libertad interior en tu vida sin ir a un monasterio o abandonar tu situación actual?

~

Vuelve a leer todas estas historias muchas veces para comprender mejor sus significados implícitos. Aprende sobre las cualidades de la felicidad y haz tu mejor esfuerzo para practicarlas en todo momento, con la finalidad de que puedas llevar una vida verdaderamente feliz.

Estableciendo La Dirección Correcta

Siento una fuerte convicción de la necesidad de enseñar mensajes importantes a los adolescentes ya que se trata de un momento crucial en la vida personal en la que solo tenemos una sola oportunidad para hacerlo bien. Si desperdiciamos esta etapa de la vida, nunca tendremos otra oportunidad. Por lo tanto, si tienes un hijo o una hija adolescente, espero que puedas animarlos a leer este capítulo. Si tú mismo perteneces a este grupo de edad, te insto a reflexionar detenidamente sobre este tema.

Como adolescentes tenemos juventud, inteligencia y estamos llenos de energía por lo que podemos tomar decisiones que nos llevarán a tener grandes experiencias de vida, el desarrollo de una gran sabiduría y consecuentemente generar un gran impacto en el mundo. Por otro lado, debido a la falta de experiencia podemos carecer en sabiduría, lo que significa que podemos tomar decisiones que dañen o reduzcan nuestro potencial causando un gran sufrimiento para nosotros mismos y los que nos rodean.

Comúnmente se cree que los adolescentes nunca escuchan los consejos ofrecidos por las personas mayores porque están demasiado distraídos, son orgullosos o no aprecian las opiniones de las generaciones mayores. No creo que esto sea necesariamente cierto, sin embargo, he observado que los jóvenes a veces se sienten orgullosos de lo que han aprendido y experimentado en sus vidas relativamente cortas, y por lo tanto, se sienten renuentes a aceptar que todavía hay mucho más por aprender. Esto puede ser una señal de que carecen de sabiduría, ya que mientras más sabios somos, más disposición tenemos para aprender de los demás.

Es mi profundo deseo que leas este capítulo y analices su contenido. Después de todo, no importa si eres adolescente o no, no hay duda de que como todo el mundo, buscas alcanzar la felicidad y evitar el sufrimiento en tu vida.

Cómo desarrollar el enfoque

Según, mencioné previamente, las causas fundamentales de la felicidad siguen siendo las mismas ya sea que tengamos uno o cien años de edad. Sin embargo, como adolescentes tenemos desafíos que enfrentar y decisiones que tomar, por lo que debemos subrayar algunas cualidades específicas.

Muchas personas muestran gran arrepentimiento cuando al llegar a la edad adulta recuerdan sus años de adolescencia. Piensan en todo el tiempo y la energía que desperdiciaron y añoran volver a ser adolescentes para experimentar esta etapa de vida de manera diferente. No obstante ya no es posible retroceder en el tiempo. Por ello resulta increíblemente importante darnos cuenta de las oportunidades especiales que nos da la etapa de la adolescencia para utilizarlas con sabiduría.

A veces parece extraño que los adolescentes tiendan a desperdiciar la abundante inteligencia y sabiduría natural que poseen por razón de su juventud, en comparación con las personas mayores. ¿Qué hace que los adolescentes se comporten así? Creo que esto se debe a que a esta edad nos falta enfoque interno y por ende, nos distraemos fácilmente con todo lo que sucede a nuestro alrededor. Nos absorbemos en los productos de la cultura popular tales como el cine o el Internet. Tenemos un cuerpo que está experimentando una transformación bastante radical y esa sensación nueva llamada 'amor romántico' parece consumir gran parte de nuestro tiempo y energía.

Es natural que queramos agradar a nuestro grupo de compañeros y que experimentemos muchas cosas nuevas, a pesar de que apenas comenzamos el viaje de la vida y podemos ser inmaduros emocionalmente. Las relaciones a corto plazo pueden ser una característica de esta etapa porque nos aburrimos con mucha facilidad o tenemos expectativas poco realistas. Es común sentir aburrimiento porque dependemos excesivamente del estímulo externo. Si no recibimos suficiente, es probable que perdamos interés ya que para sentirnos satisfechos la necesidad de cosas externas es más fuerte que nuestro impulso por aprender.

Resulta extraño que estemos tan imbuidos en distracciones externas cuando nuestra visión del mundo y el alcance de nuestro conocimiento son tan limitados aún! Esto no quiere decir que seamos estúpidos. Lo que sí indica es que debido a la inexperiencia, se nos hace difícil poder distinguir en qué es importante que nos enfoquemos y en qué no. Hasta que no hayamos desarrollado una visión lo suficientemente madura, continuaremos dispersando nuestra energía en cualquier cosa que aparezca frente a nosotros. Más aún, nuestras mentes pueden sentirse tan abrumadas por las emociones que nos despreocupamos de las consecuencias de nuestras acciones porque ni siquiera las hemos evaluado para conocerlas. Por lo tanto, lo más importante para tí como adolescente es considerar cuidadosamente la motivación detrás de tus acciones, así como sus consecuencias.

Ejercicio: Aquí tenemos un ejercicio sencillo para ayudarte a planificar el futuro y mejorar tu enfoque. Todos los días, tal vez temprano por la mañana o al terminar el día antes de irte a la cama, dedica cinco minutos a pensar en lo que hiciste ese día. Toma este tiempo para reflexionar sobre las decisiones y las acciones que has tomado. Por ejemplo, ¿algo te molestó o te enojó? ¿Cómo lidiaste con tus emociones? ¿Cómo éstas influyeron en tus acciones y decisiones? Piensa detenidamente en las posibles consecuencias de tus acciones a corto y a largo plazo. Piensa en todas tus decisiones y todas tus acciones, sin importar cuán pequeñas o grandes que parezcan. Esto te ayudará con tu enfoque mental a largo plazo y tu capacidad para planificar tu futuro.

¿QUÉ QUIERO HACER CON MI VIDA?

De adolescentes somos como un nuevo capullo que empieza a abrirse en primavera. Tenemos por delante la belleza y la frescura de la juventud más la posibilidad de una vida plena y próspera. Todas las maravillosas posibilidades de la vida son nuestras. Podemos ser ricos y famosos, un líder mundial o un héroe. Podemos ayudar a reducir el calentamiento global, curar enfermedades que debilitan la vida o prevenir la hambruna. Tenemos todas estas posibilidades al alcance de la mano, ¡todo es posible! Sin embargo, parece tan difícil saber qué hacer. ¿Cómo saber qué camino debemos tomar? ¿A quiénes elegimos como nuestros modelos a seguir? ¿Qué hacer para lograr nuestras metas? ¿Cuáles serán las ventajas principales que tendremos al lograr nuestro objetivo? En última instancia lo que buscamos fundamentalmente es nuestra propia identidad, que por supuesto, es algo muy importante de encontrar.

Ya que nos distraemos con facilidad, frecuentemente tendemos a involucrar nuestras mentes en algo que no nos desafíe, sea conveniente y entretenido. Así pasamos horas interminables chateando en Internet, enviando mensajes de texto o escuchando música. Nuestras mentes se adiestran para comportarse de esta manera siempre mirando hacia afuera en busca de placer y distracción, en lugar de enfocarnos hacia adentro. Nos resulta muy difícil estar solos con nosotros mismos o pensar en planes para nuestro futuro. Incluso cuando tratamos de imaginar el futuro y las posibilidades que están disponibles para nosotros, fácilmente tendemos a sumergirnos en fantasías o simplemente copiamos lo que están haciendo nuestros amigos.

Por ello, aquí te incluyo algunos consejos prácticos que podrías considerar cuando reflexiones en tu futuro:

1 ¿Tiene los atributos necesarios para lograr tu objetivo elegido?

Si deseas ser un cantante famoso o un actor conocido, es probable que necesites una buena apariencia, una voz melodiosa y la capacidad de trabajar muy fuerte, ¡además de buena fortuna! Debes cuestionarte: ¿*realmente* poseo todos estos atributos?, ¿tengo la confianza y la determinación para perseguir este objetivo? ¿Estoy seguro de que no me rendiré a mitad de camino porque sea demasiado difícil? ¿Tengo la diligencia y perseverancia para lograr mis objetivos? ¿Estoy buscando este objetivo porque realmente lo quiero y no porque alguien más lo espera de mí?[17]

Si tu respuesta es 'positiva' a estas cinco preguntas, ¡entonces, puedes hacerlo! Tienes todo lo que se necesita y es muy probable que tengas éxito. Por otro lado, si no estás seguro acerca de alguna de estas preguntas, es poco probable que valga la pena buscar este tipo de objetivo porque estás persiguiendo una fantasía y desperdiciando tu energía. Si desaprovechas todo tu valioso tiempo y energía ello impedirá que logres otros objetivos.

2. ¿Te beneficiará este objetivo durante toda tu vida?

Si estás bastante seguro y decidido en lograr un objetivo específico y este objetivo es realista, entonces es probable que lo logres. Aún así deberás considerar minuciosamente si este objetivo te beneficiará y seguirá siendo significativo muchos años más tarde en tu vida.

Si tu meta es convertirte en un cantante famoso o en una estrella del deporte por ejemplo, debes considerar cuidadosamente las consecuencias de poner toda tu energía en convertir ese sueño en realidad. En primer lugar, tienes que tomar en cuenta que solo unas pocas personas excepcionales pueden ganarse la vida con este tipo de carrera; y que es posible que estés eligiendo una vida con grandes dificultades financieras. Además, es probable que sea muy difícil asentarse si necesitas mudarte constantemente para encontrar trabajo. Luego, si tienes éxito, al envejecer es factible que ya no haya demanda de tus habilidades. Entonces puedes tener dificultades para llevar una vida normal, especialmente si has estado viviendo en un mundo de fantasía, o nunca has experimentado muchas dificultades.

Puede sonar un poco extraño, pero en el Tíbet algunos de los monjes y monjas son personas famosas, como las estrellas de cine en la cultura occidental. En lo personal, nunca quise convertirme en un lama popular en el Tíbet porque siempre hubiese tenido que actuar de cierta manera y ser extremadamente consciente de mi conducta. Estaría rodeado de personas constantemente y sin poder vivir relajadamente y con naturalidad.

¿Realmente has pensado en cómo se afectará tu vida con la consecución y logro de tu objetivo ? ¿Sigues decidido a lograr esta meta creyendo que le dará sentido a tu vida? ¿Existen mejores maneras de llevar una vida significativa? Si estás consciente de ti mismo y descubres que la fama te perturbaría, entonces estás perdiendo tu valioso tiempo y energía en una fantasía. Reconócelo y comienza a indagar en otras de las innumerables posibilidades existentes, analizando cada una de ellas cuidadosamente. Luego, cuando hayas elegido la meta adecuada para ti, enfócate exclusivamente en lograrla con fuerte determinación. Si intentas cuestionarlo nuevamente o dudas de tí mismo puedes confundirte y perder el rumbo.

Si descubres que es demasiado difícil dedicar toda tu vida en algo que deseas, sin dudarlo, entonces necesitas crear un plan por etapas para lograr tus objetivos. Aunque siempre es positivo sentirte confiado de que lograrás el ideal de tus metas, es mejor anticipar los retos posibles y tener un plan de respaldo. Si tu meta última no funciona no te desanimes, porque tu plan debe incluir objetivos en diversos niveles, incluyendo el peor escenario. Debes tener las más altas aspiraciones y estar preparado para quedar satisfecho aún ante el peor resultado. ¡Lo importante es que nunca dejes de intentar lograr tus objetivos!

Es fácil concluir que si trabajamos duro nuestra vida será similarmente más difícil. Pero lo contrario también puede ser cierto: la vida puede mejorar con el paso del tiempo. Incluso, podemos llegar a una etapa en que lo que antes parecía un trabajo duro ahora se vuelve fácil. Por otro lado, si somos perezosos o autocomplacientes, nuestra vida podrá parecer fácil en la actualidad, pero resultará en una vida mucho más difícil en el futuro. Ahora bien, permíteme hacer una advertencia: para algunas personas existe el peligro de enfocarse excesivamente en sus metas, descuidando a la familia, los amigos y otros aspectos importantes de la vida. Para la mayoría de nosotros sin embargo, el enfocar toda la energía en nuestra meta principal será una búsqueda pertinente, muy valiosa, y que vale la pena realizar siempre y cuando no olvidemos otras dimensiones de la vida.

La disciplina del trabajo duro y consistente también puede mejorar nuestra capacidad de enfoque y concentración. El trabajar fuertemente en algo que consideramos valioso puede hacernos más eficientes y con mayor claridad de pensamiento para experimentar, finalmente, una sensación innata de alegría y satisfacción al estar absortos en una tarea en particular. El hacernos más eficientes facilita la provisión de nuestras necesidades materiales lo que nos permite escoger entre una vida más sencilla o dedicarnos a otras cosas importantes, como cultivar amistades, desarrollar nuevos intereses y habilidades, o incluso elegir llevar una vida espiritual. Hablaremos más sobre esto en los siguientes capítulos.

Antes de continuar, te presentaré un cuento corto que ilustra la importancia de tener determinación. Espero que comprendas por qué las vidas de los dos personajes principales resultan tan diferentes y aprecien el impacto de las decisiones que tomaron cuando eran jóvenes.

UNA BREVE HISTORIA SOBRE LA DETERMINACIÓN

Hay dos niños que estudian juntos en la escuela de la Aldea de Niños Tibetanos (ANT) en Dharamsala, al norte de la India, que es como un internado para niños tibetanos. Tenzin nació en Dharamsala y creció allí, mientras que el otro niño Jigme nació en Golok, una provincia del Tíbet. En sus estudios los dos chicos son muy competitivos entre sí.

Los tibetanos, al igual que muchos asiáticos, creen que los países occidentales proveen oportunidades muy superiores sobre todo en cuanto al estudio y trabajo. Cuando Tenzin crezca, su padre que es funcionario del gobierno tibetano, podrá enviarlo a Suiza para que tenga una mejor educación y una mejor vida. Tenzin se lo cuenta a Jigme jactándose de que tendrá un futuro más exitoso que su compañero de escuela.

Aunque Jigme está molesto porque no tendrá las mismas oportunidades que Tenzin, se promete a sí mismo que estudiará mucho para ponerse a la par que su amigo.

Cuando Tenzin llega a Suiza, se siente como si estuviera en el cielo y simplemente no puede creer lo afortunado que es. Todo es tan hermoso y todas sus necesidades son fácilmente satisfechas. Cuando va a la escuela no tiene problemas con el idioma porque estudió inglés en la India. Tenzin piensa para sí mismo: "tengo que estudiar mucho y obtener una buena educación para poder trabajar en el futuro por el bienestar del pueblo tibetano."

Sin embargo, después de algunas semanas de estudio diligente, las muchas distracciones hacen que pierda su enfoque. Ya que Tenzin no tiene un carácter tan fuerte, al envolverse con otras cosas perdió la determinación de estudiar. A menudo, cuando las personas encaran muchas distracciones y oportunidades para divertirse, comienzan a querer más y más cosas perdiendo de vista sus objetivos originales por estar tan concentrados en el placer inmediato. Finalmente, al no poder encontrar un trabajo después de completar sus estudios, Tenzin se deprimió y comenzó a alcoholizarse fuertemente para sobrellevar su situación. Su vida se tornó mucho peor que la que tenía en Dharamsala.

Para Jigme, mudarse a un país occidental está fuera de su alcance ya que tiene muy poco dinero y le es imposible obtener una visa. Por ello continúa estudiando fuertemente en la escuela de la Aldea de Niños Tibetanos. Al graduarse Jigme no puede inscribirse en una educación superior porque para ello tendría que ir a una escuela en la India y pagar las cuotas correspondientes.

Así que Jigme alquila una cocina muy básica donde además vive y duerme, manteniéndose de la confección y venta de alimentos. Todos los días el joven se levanta a las cuatro de la mañana para preparar pan, lo que le toma dos horas, para luego salir a la calle a venderlo. Luego al regresar a su casa se dedica a estudiar inglés avanzado, matemáticas y ciencias informáticas por correspondencia. De cuatro a seis de la tarde cocina momos, que son similares a unas empanadas redondas y rellenas de verduras o carne en su interior. Todas las noches Jigme vende sus momos para luego regresar y continuar estudiando hasta la medianoche. No tiene actividades divertidas o placeres que lo distraigan. De vez en cuando se siente triste y solo, ¡pero nunca tiene tiempo para detenerse en ello! Durante más de cinco años vive de esta manera continuando con su increíblemente y arduo trabajo.

Un día Jigme conoce a una mujer occidental de cabello gris llamada Isobel, que le hace algunas preguntas mientras él vendía momos. Ambos comienzan a llevarse muy bien entre sí y al poco tiempo ella lo invita a cenar. Resulta que Isobel es de Suiza, aunque visita Dharamsala regularmente, ya que está ayudando a varios políticos tibetanos en Suiza. Al preguntarle a Jigme cuáles son sus metas, él le dice que desea ir a la universidad y convertirse en profesor.

Después de la cena Jigme lleva a Isobel a mostrarle dónde vive. Conmocionada por su situación precaria y conmovida por su determinación, ésta le ofrece patrocinar sus estudios universitarios en Suiza. Jigme se queda sin palabras.

Durante algún tiempo, Jigme piensa que todo esto es un sueño y le preocupa en demasía que Isobel cambie de opinión. Pero antes de que sepa lo que ha sucedido, Isobel va a Delhi y le tramita una visa. ¡Simplemente él no puede creer que tenga tanta suerte como para ir a Suiza!

Antes de partir Jigme se pone al día con su mejor amigo, un joven monje llamado Konchok. El monje lo felicita para luego decirle en un tono más serio, "tienes que recordar dos cosas cuando estés en Suiza: primero, la naturaleza humana es tal que mientras más tengas y vivas en mejores condiciones, más deseas, siendo más fácil perder el enfoque y la disciplina. Si no pierdes enfoque puedes lograr muchas cosas y vivir una vida feliz, pero si caes presa de la codicia o la pereza encontrarás gran sufrimiento. En segundo lugar, nunca debes olvidar el bienestar del pueblo tibetano, no importa cuán buena sea tu situación."

Jigme le promete a Konchok que nunca olvidará estas cosas.

Una semana después Jigme obtiene su visa y se muda a Suiza. Cuando llega está asombrado igual que Tenzin, pensando que está en el cielo. La única diferencia es que todos los días Jigme recuerda los consejos de su mejor amigo. Con gran esfuerzo estudió psicología en la universidad durante siete años, y también trabajó como diseñador gráfico utilizando sus habilidades informáticas. Después de un año de vivir en Suiza, se enamoró de la hija de Isobel, llamada Heidi, y después de varios años se casaron. Dos años más tarde se convirtió en profesor de psicología y abrió su propio consultorio con gran éxito.

Un día, el Profesor Jigme da una conferencia pública en una famosa universidad de Zúrich. Para entonces Tenzin todavía está desempleado, se encuentra solo y ha comenzado a consumir drogas. Acude a la conferencia porque se trata de psicología y, por lo tanto,- cree podría ayudarlo. Cuando llega, piensa que el conferenciante le resulta muy familiar. En medio de la conferencia, Jigme relata que su formación escolar básica fue en la Aldea de Niños Tibetanos y haber tenido un compañero de clase llamado Tenzin. Menciona que su amigo se mudó a Suiza hace unos catorce años, y ya no tuvo noticias de él. Tenzin se sorprende al darse cuenta de que es su compañero de clase Jigme quien está dando la conferencia. No puede creer que su viejo rival hubiese tenido tanto éxito mientras su vida ha resultado un fracaso.

Piensa en cómo es que dos niños con antecedentes tan similares podrían desarrollarse de manera tan diferente. ¿Recuerdas las dos cosas que fueron más importantes para Jigme, y que lo inspiraron a lograr lo que hizo? Piensa también en cómo podrías inspirar tu vida con un objetivo que sea verdaderamente significativo para tí y qué diferencia podría hacer esto.

LA NECESIDAD DE LA CONFIANZA EN UNO MISMO

Como adolescentes somos extremadamente sensibles a las opiniones de los demás. Nuevamente, ello se debe a que aún no hemos desarrollado suficiente enfoque interno para conocernos a nosotros mismos, y apreciar realmente las consecuencias positivas y negativas de nuestras acciones. Aquél que tiene mucha experiencia y sabiduría nunca será inseguro de sí mismo. Esto se debe a que pueden juzgar por sí mismos qué es bueno y qué es malo, qué vale la pena y qué no, en qué concentrar su energía y qué es una pérdida de tiempo. Sin embargo, como adolescentes, nuestra experiencia mundana es relativamente limitada. Esto significa que es poco probable que tengamos este tipo de conciencia discriminatoria. Nuestra percepción es estrecha como el ojo de una aguja, y podemos caer fácilmente en la trampa de confiar demasiado en las opiniones de los demás.

Esto no es cierto solo para los adolescentes del Occidente. Incluso en mi pequeño pueblo en el Tíbet yo estaba obsesionado con mi imagen y era muy cohibido por lo que pensaban los demás. Siempre actué con naturalidad con mi familia y parientes ya que para ellos no era importante que las cosas fuesen perfectas. Sin embargo, cuando mis amigos y otras personas de la comunidad venían a nuestra casa, siempre estaba atento de lo que pensaran los otros sobre mi comportamiento, el de mis padres, hermanos, e incluso mis parientes. Si todo no era impecable me sentía muy avergonzado. Ahora, cuando miro hacia atrás, me queda claro que estaba actuando falsamente frente a mis amigos y conocidos solamente porque estaba desesperado por que tuvieran una buena opinión de mí.

Como adolescentes nuestro círculo de influencia es generalmente limitado. Como resultado, nuestra comprensión de lo que es posible también es limitada. Queremos muchos amigos, agradarles y ser populares, por lo que tendemos a seguir los intereses de nuestro grupo de compañeros. Intentamos ser divertidos y entretenidos. Los chicos en particular quieren que sus compañeros de grupo los vean como 'geniales', y para mantener esta imagen, pueden presumir de sus novias o burlarse de los demás. Las chicas, por otro lado, tienden a preocuparse por su apariencia y gastan mucho tiempo y dinero en maquillaje, ropa y cortes de cabello para sentirse más atractivas. La imagen es el enfoque más importante y los medios de comunicación y nuestro grupo de amigos fomentan este énfasis.

Sin embargo, si reflexionamos detenidamente, descubriremos que solo nos preocupa cómo nos perciben las personas de nuestra edad, sin importarnos realmente lo que el resto del mundo piense de nosotros. Tampoco estamos realmente preocupados por las consecuencias futuras de estar tan enfocados en nuestra buena imagen. Si esto se convierte en una obsesión, podemos volvernos ciegos a las muchas cosas que son verdaderamente valiosas en el mundo. A veces decoramos nuestros hermosos cuerpos jóvenes con tatuajes o piercings. Aunque no hay nada de malo en querer lucir atractivos y estar orgullosos de nuestra identidad única, trata de recordar que un día puedes sentirte avergonzado de ver las formas excesivas en las que has adornado tu cuerpo a costa de la imagen propia. Solo recuerda, ¡la moda cambia muy rápido!

A veces, la obsesión con nuestra imagen puede llevarnos a comportamientos aún más dañinos. Todos somos conscientes de los efectos nocivos de las drogas, los cigarrillos y el alcohol, pero a menudo nos sentimos tentados a consumirlos para parecer 'geniales' frente a nuestros compañeros, o para compensar la falta de autoconfianza.. Sabiendo esto, necesitamos la determinación, la autodisciplina y la sabiduría para salvaguardar nuestra salud física y mental de los efectos de estas sustancias nocivas.

A medida que envejecemos contamos con más experiencia. La mayoría de las personas adquieren confianza en sí mismas y dejan de preocuparse tanto en lo que piensan los demás, ya no se dejan llevar por el deseo de ser populares. También adquirimos la sabiduría para tomar mejores decisiones basándonos en nuestras propias observaciones y no en las opiniones de los otros. Desafortunadamente, no existe un truco mágico que de repente nos provea enfoque interno y autoconocimiento, ya que necesitamos lograr esto por nosotros mismos según aprendemos y crecemos con las experiencias de la vida. Sin embargo, siempre que intentes impresionar a otra persona es útil hacerse esta pregunta: ¿Por qué su opinión es tan importante para mí? ¿Y qué pienso yo *mismo* sobre esta cuestión? Reflexionar constantemente de esta manera nos ayudará a desarrollar el enfoque interior y gradualmente llegaremos a comprender nuestra propia mente.

SEXO, DROGAS Y ROCK AND ROLL

Previamente mencioné algunos de los comportamientos autolesivos que experimentan las personas cuando son adolescentes, especialmente las drogas y el consumo excesivo de alcohol. Estoy en contra del uso de drogas y alcohol tal vez porque nunca estuve expuesto a ellos cuando crecía, y por lo tanto, puedo ver fácilmente el daño que pueden causar. En Occidente, los hombres frecuentemente se sienten presionados a beber alcohol para parecer más masculinos o 'varoniles', y algunas mujeres parecen pensar que beber las hará más sociables, seguras de sí mismas y atractivas para los hombres. Estas ideas a menudo son promovidas por una sociedad con una visión limitada o estrecha y por falta de influencias culturales alternativas. Por ejemplo, en la provincia de Golok en el Tíbet, ninguna de las mujeres fuma o bebe alcohol, y solo el cinco por ciento de los hombres toma parte en estas actividades.

Mucha gente cree que una vida sin alcohol o drogas es una vida aburrida, pero yo cuestionaría esta idea. ¿Crees que alguien que nunca ha tenido dolor de cabeza es más aburrido que una persona que tiene dolor de cabeza y lo alivia con medicamentos? De manera similar, ¿alguien que no tiene picazón es más aburrido que alguien que tiene picazón pero se rasca y lo alivia? Podemos pensar en los intoxicantes como un ejemplo de lo que los budistas quieren decir con volverse adictos a un deseo: el consumir una droga nos da una sensación placentera y esto desencadena un mayor deseo por experimentar más de esa sensación. Eventualmente, puede llegar un punto en el que el deseo se haya apoderado de nuestras vidas y ocupe todo nuestro tiempo tratando de satisfacerlo sin nunca colmar esa necesidad realmente. No estoy diciendo que las drogas no sean agradables o divertidas cuando las tomas; más bien, puede haber un efecto extremadamente desagradable cuando la sensación de la droga desaparece. Puedes hacer algunas cosas muy dañinas mientras estás bajo la influencia de estas drogas y existe un gran peligro de que pierdas el control sobre tu vida.

Incluso si no nos volvemos adictos, el consumir drogas puede dañar seriamente el cuerpo y la mente. El hecho de tomar drogas solo una sola vez puede desencadenar una enfermedad mental grave o bien, bajo sus efectos, nos podemos involucrar en comportamientos dañinos. A menudo he escuchado historias de mis amigos médicos sobre jóvenes que llegan a los departamentos de emergencia de los hospitales por haber consumido drogas y se han lastimado a sí mismos o a otras personas mientras estaban bajo su influencia. Todas las drogas pueden hacer esto. Incluso las drogas que podrías considerar inofensivas como la marihuana, pueden tener efectos perjudiciales en el cerebro y provocar enfermedades mentales graves como la esquizofrenia.

Desafortunadamente, muchos jóvenes tienen la idea de que las drogas conducen a experiencias espirituales, confundiendo el ver o sentir cosas inusuales con 'progreso espiritual'. Esta es una visión completamente distorsionada porque la realización espiritual debería hacernos más autocontrolados, más arraigados y en contacto con la realidad. Por el contrario, las drogas nos hacen perder el autocontrol, nos llevan a experiencias ilusorias y nos hacen perder el contacto con la realidad.

De la misma manera en que la ansiedad de sensaciones generadas por las drogas puede ser agobiante, puede ser abrumador el ansia por la sensación del placer sexual. Mucha gente en Occidente parece pensar que el deseo sexual o el enamoramiento es una fuerza abrumadora e imparable de la naturaleza, y muchos también parecen pensar que, a diferencia de las drogas o el alcohol, el sexo es un deseo natural o incluso una necesidad en la vida. Por supuesto que es cierto que ningún ser humano existiría sin la unión sexual de sus padres, y no estoy diciendo que el sexo sea necesariamente malo o malsano. Sin embargo, hay dos puntos importantes que creo que deberíamos considerar.

La primera es que nuestra motivación en la actividad sexual es muy importante. ¿Estamos pensando en el sexo con una intención pura para demostrar nuestro amor genuino y cariño por alguien, o tener hijos que lleven sabiduría a la próxima generación? ¿O queremos tener sexo para satisfacer una expectativa o fantasía poco realista debido a la pérdida de autocontrol, o incluso porque queremos lucir bien frente a nuestros compañeros? Es importante comprender que la energía sexual entre un hombre y una mujer tiene un potencial increíble de convertirse en algo mucho más profundo y poderoso de lo que la mayoría de la gente es consciente, incluso una capacidad interior extraordinaria. Sin embargo, a fin de descubrir esto, deben estar presentes muchas condiciones en cada persona. En particular, ambos compañeros deben tener intenciones puras y la relación nunca puede ser forzada, siempre tiene que darse de forma natural.

Si no puedes identificarte con esta idea, es importante saber al menos que las relaciones sexuales no son tan simples como creemos. De hecho, es posible identificar ocho niveles de complejidad diferentes, progresivamente más profundos y significativos.

El más bajo es el nivel animal, que ocurre cuando sólo buscamos una sensación física, satisfacer un impulso o apetito, tal como lo hacemos cuando comemos y bebemos.

El segundo nivel es el de la transacción, en el que tenemos un poco más de comprensión de lo que estamos haciendo pero la motivación se basa en la codicia. Por ello no hay muy pocas posibilidades de desarrollar una conexión real. Las relaciones casuales a menudo ocurren en este nivel.

El tercer nivel es el de la sexualidad humana ordinaria. Aquí es donde se produce la unión sexual entre dos personas que se han enamorado, por lo que hay una mayor sentido de conexión, más disfrute y una mejor relación. Sin embargo, este tipo de atracción generalmente se basa en un apego ciego y es poco probable que satisfaga algo más que necesidades físicas y emocionales a corto plazo.

El cuarto nivel es el nivel de conocimiento, en el que las necesidades de ambos compañeros se satisfacen mejor porque poseen un mayor entendimiento entre sí. Tienen una mayor capacidad para lidiar con problemas y mejorar su relación aunque la profundidad de su relación siga siendo limitada. Ello ocurre porque el conocimiento se da principalmente a nivel intelectual. El amor entre los dos compañeros todavía está un poco fabricado, no tan natural o espontáneo como podría ser.

A continuación tenemos el quinto nivel el de buenas condiciones, donde el bienestar físico y la madurez emocional de ambos compañeros están más desarrollados y hay un flujo natural de generosidad y aprecio.

Esto le da al amor verdadero más oportunidades de florecer, y el nivel de gratificación sexual también es mucho mayor.

El sexto nivel es del surgimiento espiritual. En esta etapa, todas las buenas cualidades internas que hemos mencionado en este libro están muy desarrolladas en ambos compañeros, especialmente la generosidad, la gratitud y la percepción pura. Nuestra experiencia de felicidad es más profunda, no sólo en el nivel de la sensación sino en un nivel que trasciende el pensamiento convencional, y esta felicidad contiene una forma de sabiduría natural innata.

El séptimo nivel es el nivel de dominio espiritual. Todas las cualidades anteriores se desarrollan, así como el poder de controlar el flujo de energía en lo que llamamos el 'cuerpo sutil',[18] compuesto por canales, vientos internos y esencias sutiles. El cuerpo sutil no es algo que exista objetivamente; más bien describe las corrientes de energía sublimes que se experimentan mientras se abrazan en unión sexual. La unión de la sabiduría y la conciencia dichosa se hace cada vez más grande, con o sin pareja, hasta que se vuelve totalmente independiente de las condiciones externas.

Finalmente, el octavo nivel trasciende totalmente conceptos tales como el espacio y tiempo, y puede conceptualizarse como la unión inseparable de la sabiduría y la conciencia del gozo inmutable, o la iluminación misma.

Incluso si esto no tiene sentido para nosotros, el simple hecho de tener algo de curiosidad y la aspiración de conocer más sobre estos niveles superiores nos coloca en una gran ventaja. Básicamente, el punto crucial es tratar de desarrollar una actitud de genuina generosidad y aprecio. Desarrollar una mejor percepción de nuestra pareja, o una más pura, es mucho más importante que buscar la perfección en ellos mismos ya que la forma en que los vemos depende principalmente de la forma en que pensamos. Según lo expuso Shakespeare: "no existe nada bueno ni malo, el pensamiento lo hace parecer así". Por lo menos, es importante aspirar a pensar en el sexo como algo raro y precioso. Si solo pensamos que se trata de una necesidad básica que requieres de manera rutinaria, como beber y comer, nunca iremos más allá de las etapas inferiores. Consecuentemente, estaremos en una gran desventaja.

El segundo punto que me gustaría plantear es que el sexo no es una necesidad en la vida para todo el mundo. Se puede lograr una vida valiosa y satisfactoria con muchos logros sin depender del sexo, de hecho, ¡esto a veces se puede lograr mucho más fácilmente sin sexo! Lo que quiero decir aquí es que pueden surgir muchas dificultades como resultado de la sexualidad, incluidas situaciones que conducen a celos, ira, arrepentimiento u obsesiones con una o más personas. Todo esto nos aleja de enfocarnos en lo que es verdaderamente importante en nuestras vidas. Esto no significa que no debamos amar a los demás o que debamos evitar las relaciones íntimas. Más bien trata de darnos cuenta de que sin sexo se pueden construir relaciones satisfactorias, y éstas a menudo contienen muchas menos preocupaciones egocéntricas que las relaciones en las que el sexo es de importancia primordial.

Cómo tener mejores relaciones personales

Antes de criticar a alguien, debes caminar una milla en sus zapatos.
—Dicho tradicional—

Frecuentemente, los adolescentes piensan que el concepto de 'una relación' se refiere principalmente a una relación de novio-novia. Sin embargo, las relaciones más importantes que entablamos cuando somos adolescentes son las que tenemos con nuestra familia y amigos. Las relaciones son de suma importancia a lo largo de nuestra vida. Cuando van bien nos sentimos mejor con nosotros mismos, rodeados de quienes nos aman y se preocupan por nosotros. Cuando las cosas no van bien pueden hacernos sentir fatal. Mucha gente cree que, el llevarnos bien o mal con alguien puede estar fuera de nuestro control, como si fuera una especie de instinto. Sin embargo la verdad es que todos tenemos un gran control sobre la calidad de nuestras relaciones, y es útil saber cómo podemos usarlo en nuestro beneficio, especialmente para superar los conflictos.

Cuando era joven, me sentía insatisfecho con mi hogar y a menudo hacía todo lo posible para obtener el permiso de mi padre para quedarme en la casa del vecino. Independientemente de lo agradable que fuera mi casa o de lo deliciosa que fuera la comida, busqué en otra parte casas que a veces eran incómodas, incluso sucias, donde la comida era insípida y simple.

Como adolescentes, muchos de nosotros comenzamos a valorar la vida con nuestra familia como sosa o aburrida, por lo que buscamos la libertad y la independencia en otros lugares. Ya que carecemos de recursos para independizarnos económicamente no podemos mudarnos de casa, por lo que conseguir esa independencia se nos hace muy difícil. Así entramos en diferentes círculos de amigos, queremos pasar más tiempo con ellos que con nuestra familia, y esto puede causar conflictos en el hogar.

Evidentemente hay muchas otras cosas que pueden causar conflictos entre los adolescentes y sus padres, o para el caso, ¡entre los adolescentes y cualquier otra persona! Podemos pensar que nuestros padres son aburridos y pasados de moda, o podemos pensar que no confían en nosotros lo suficiente y nos hacen parecer estúpidos frente a nuestros amigos. Sin embargo, no importa sobre qué discutamos o con quién discutamos, los métodos para resolver los conflictos con los demás son siempre los mismos.

Todo ser humano, por más diferente que seamos, tenemos las mismas necesidades básicas y el mismo deseo de ser feliz. Si queremos resolver los conflictos con otros, debemos recordar que somos similares, para entender por qué se comportan en la forma en que lo hacen. Intenta ponerte en la posición de la otra persona durante un rato. Si tienes un conflicto con tu madre, trata de imaginar que estás en sus zapatos. Si lo intentas realmente, podrás hacerte una idea de cómo ella se siente y por qué se está comportando de esa forma. Piensa en cómo te gustaría que te trataran si estuvieras en su situación, aún si crees que ella está equivocada. Imagina que tú mismo tienes hijos y cómo te gustaría que estos te trataran, y luego trata a tus padres de la misma manera.

Recuerda que lo que nos ocupa no es decidir si algo está bien o mal, sino encontrar la forma más diestra de lidiar con una situación particular. Podemos practicar esta misma técnica en cualquier relación en nuestra vida: maestro y, hermanos o amigos, por ejemplo. La perspectiva que podemos obtener en torno a por qué otros se comportan como lo hacen, es realmente asombrosa si logramos ponernos en su posición.

LA GRATITUD

Sentir gratitud hacia los demás también mejora nuestras relaciones con ellos. Según mencionamos antes, la gratitud es una de las cualidades mentales fundamentales que conducen a la felicidad. Te muestro una forma de cómo generar gratitud hacia tus padres. Piensa en lo que tus padres han hecho por tí a través de los años cuidando tus necesidades físicas y enseñándote los caminos del mundo, al igual que todo el esfuerzo y sacrificios que han hecho. Aún si en ocasiones has tenido una relación difícil con ellos, no hay nadie más que haya hecho tanto por tí. Si realmente lo ponderas, ¡no podrás dejar de sentir una sensación de gratitud! Este sentimiento de gratitud puede ayudarnos a sentirnos felices tanto directa como indirectamente. Nos aporta una sensación inmediata de calidez y cercanía, y a la larga, nuestra relación seguramente mejorará ya que los trataremos con mayor amabilidad.

Con todo, si aún nos resulta difícil ser agradecidos con nuestros padres, recuerda que pueden estar bajo el control de emociones negativas de la misma forma en que nos ocurre a nosotros mismos. En lugar de mantener una actitud crítica, hostil o sentirnos abatidos, podemos usarlo como una oportunidad para aumentar nuestra empatía hacia ellos y desarrollar una mayor fortaleza emocional. Si les respondemos con enojo o guardando rencor, perdemos una oportunidad preciosa de demostrar que realmente nos preocupamos profundamente por ellos.

A menudo me sorprendo cuando hablo con jóvenes occidentales sobre el sentimiento de gratitud hacia sus padres. A pesar de que usualmente los padres tratan de brindarles a sus hijos todas las ventajas posibles, resulta común que los jóvenes se quejen de ellos o tal vez no se sientan amados. Esto es bastante distinto del ambiente en que crecí. En apariencia, los padres tibetanos parecen mucho más estrictos que los padres occidentales y frecuentemente usan el castigo físico si sus hijos los desobedecen. Sin embargo, en la cultura tibetana tan influenciada por el budismo, se enfatiza bastante el respeto y la gratitud hacia los padres. Por ello, es muy raro que se les culpe por las dificultades de la vida. Aunque el análisis de nuestra situación familiar puede proporcionarnos ciertas percepciones, nunca será útil si nos lleva a la culpa y al resentimiento.

LA IMPORTANCIA DE LA COMPASIÓN

Quizás estés pensando, "bueno, tendré un conflicto con mi hermana o con mi madre, ¡pero este problema no es culpa mía, es culpa de ella!" Tal vez te has esforzado muchísimo por comprender por qué se está comportando de esta manera, y aún así concluir que la culpa es totalmente de ella. Por cierto, no creo que esto sea usual ya que en la mayoría de las veces cuando realmente hemos intentado apreciar el punto de vista de otra persona, descubrimos que también somos parcialmente responsables. Por otro lado, si hemos intentado considerar genuinamente el punto de vista de la otra persona y sentimos con honestidad que hicimos todo lo posible para resolver el conflicto, y fracasamos, tal vez pensemos que tenemos derecho a sentirnos enojados y heridos por ésta.

No obstante te pregunto, al sentir ira y resentimiento ¿a quién estás lastimando? Déjame explicarte. Digamos que nos hemos peleado con nuestra amiga porque se ha encariñado con otra persona. Nos sentimos celosos y heridos cuando nos parece que pone toda su atención y tiempo en ella mientras nos ignora. Tal vez no tome en consideración nuestros sentimientos, esté enfocada exclusivamente en su nueva amistad y esto nos hace sufrir. Podríamos responder exacerbando los defectos de nuestra amiga o subrayando nuestro infortunio, permitiendo que la ira y los celos nos consuman. Esto solo nos hará sufrir. Probablemente nos enredemos en esta situación cada vez más hasta que la pequeña llama de la ira y los celos se convierta en un furioso incendio forestal, destruyendo nuestra paz mental por completo. Alternativamente, podríamos pensar: "esta amiga me está haciendo sufrir debido a la estrechez de su pensamiento y en realidad, esto le causará daño a largo plazo.. En lugar de enojarme, practicaré el perdón y la compasión".

Intenta con todas tus fuerzas evocar pensamientos amables y amorosos hacia esta amiga, pensando en todas las cosas que te gustan de ella. Cuando sientas bondad y compasión hacia ésta, sentirás que la felicidad está creciendo en ti. Lo garantizo.

HABLEMOS UN POCO SOBRE LA LIBERTAD

Previamente mencioné que como adolescentes, a menudo queremos autonomía o libertad. No obstante, en el mundo moderno muchas personas parecen confundir una falsa libertad con la verdadera libertad interior. La falsa libertad incluye hacer lo que nos plazca al igual que la libertad de no tener que depender de otras personas. Este tipo de libertad crea una distancia entre nosotros y los demás. En última instancia esto resulta en soledad, ya que llegamos a aceptar y rechazar a las personas de acuerdo con nuestras necesidades en lugar de relacionarnos con ellas a través de un intercambio genuino. Esto eventualmente nos trae sufrimiento. La falsa libertad también puede causar muchos problemas como la disensión y desarmonía entre familiares y amigos. Si por el contrario somos generosos y compartidos, creamos armonía y cercanía atrayendo resultados más felices.

La verdadera libertad proviene de la independencia total. Esto no significa que rechacemos a todos los que nos rodean y pongamos distancia ante los demás. Ello más bien significa, tener el control de nuestras propias mentes, y por ello, estar libres de reacciones impulsivas o automáticas frente a los eventos externos. Es importante subrayar que me refiero a eventos externos ya sean buenos o malos, porque la verdadera libertad significa tener el control permanente de nuestra mente y emociones *pase lo que pase*. Este es un concepto difícil de comprender, especialmente para los jóvenes, pero recuerda que si nos dejamos llevar fácilmente por los eventos externos y las emociones que generan, seremos prisioneros de los mismos menoscabando así nuestra libertad.

Reflexionar y tomar decisiones

Piensa en cualquier gran decisión que hayas tomado recientemente. ¿Cómo la hiciste? ¿Le pediste consejo a otras personas que tienen más experiencia en la vida? ¿Consideraste detenidamente todas las consecuencias de tu decisión?

¿Fueron tus expectativas realistas o poco realistas? ¿Tomaste en cuenta el peor de los escenarios? ¿Tenías planes de respaldo? ¿Fuiste completamente honesto contigo mismo o tomaste la decisión porque querías impresionar a alguien? ¿Consideraste todas las opciones posibles?

Ahora piensa en las decisiones que estás a punto de tomar. Nuevamente considera todas estas preguntas, y asegúrate de sopesar todas tus opciones cuidadosamente. Ahora pon en práctica lo siguiente: siéntate derecho con la columna recta, relaja tu cuerpo, respira profundamente y aclara tu mente. Siendo honesto contigo mismo, ¿cuál es la mejor decisión?

Una Segunda Oportunidad para Desarrollar Sabiduría

Si buscamos una vida feliz y significativa es fundamental comprender y recordar las causas y condiciones de la felicidad. La felicidad y la infelicidad no son estados aleatorios ni dependen de la buena o la mala suerte. Si bien los eventos externos pueden contribuir a nuestra felicidad, es más cierto que ésta depende de nuestro ser interno. La felicidad solo puede ser nuestra si poseemos la actitud mental correcta, y esto proviene del desarrollo de cualidades mentales saludables.

Una proporción muy pequeña de personas posee una actitud mental correcta de forma natural. Estas personas, en comparación a otras, son más felices, y mucho más resistentes ante las dificultades. Tienden a experimentar muchas menos emociones negativas tal como la depresión. Sin embargo, la mayoría de nosotros no tenemos esta actitud de forma natural, por lo que debemos dedicarnos conscientemente a desarrollarla cultivando especialmente cualidades como la gratitud y la compasión. Mediante esfuerzo constante y dedicado, podemos desarrollar gradualmente una mente pacífica y contenta, independientemente de nuestra situación externa.

Como un adulto joven que está desarrollando su independencia y descubriendo cómo poder dejar una huella en el mundo, nos enfrentamos a muchas decisiones importantes en la vida. Por lo tanto, hablaré sobre algunos de estos problemas, al igual que de las cualidades mentales que son más importantes a esta edad.

LAS RESPONSABILIDADES Y LAS DECISIONES

En esta etapa de nuestra vida somos completamente responsables de nuestro bienestar futuro, por lo que existe un gran potencial de lograr algo siempre y cuando mantengamos un fuerte impulso y gran determinación. A veces podemos sentirnos abrumados a la hora de tener que elegir hacia dónde dirigir nuestros esfuerzos y actividades. Por esta razón, me gustaría sugerir algunas pautas, y especialmente mencionar ciertas condiciones externas importantes a las que debemos apuntar cuando intentamos vivir una vida pacífica y feliz. Estas son ideas budistas, pero pueden aplicarse a las circunstancias de cualquier persona. Puede ser útil pensar en ellas al decidir el estilo de vida y la carrera que deseas seguir, así como las metas que quieres establecer en tu vida.

1. Un Ingreso Suficiente

Mientras no estemos viviendo la vida de un renunciante total, alejados de todas las metas mundanas, debemos tener algún grado de riqueza para poder mantenernos a nosotros mismos. Si somos capaces de ahorrar algo de dinero y acumular riquezas y propiedades de manera saludable, podremos disfrutar de la seguridad futura. Sin embargo, es importante que hagamos esto sin involucrarnos en ningún comercio ilegal o profesiones dañinas. Una profesión dañina podría incluir dirigir un matadero o una empresa de pesca comercial, trabajar en un laboratorio donde seamos responsables de matar a muchos animales, o ser un general de ejército en una guerra. Si no tenemos más remedio que involucrarnos en este tipo de trabajo o nuestra motivación es esencialmente pura, las consecuencias no serán tan grandes. De lo contrario, dedicarnos a este tipo de trabajo probablemente sea perjudicial para nuestra fuente de felicidad a largo plazo aunque inicialmente no nos demos cuenta de ello. Los comercios ilegales como el tráfico de drogas, armas o el robo de bienes también perturban nuestra paz mental y son un obstáculo para la felicidad futura.

2. El Manejo Prudente de las Finanzas

Es importante que gastemos nuestro dinero de manera rentable, cuidando a los miembros de nuestra familia y realizando obras meritorias. Aquellos que son avaros están muy apegados al dinero y tienen dificultades para gastarlo. Incluso si compran algo, piensan continuamente en el dinero que les costó y nunca tienen la oportunidad real de disfrutar lo que han adquirido. Muchas personas gastan dinero en cosas innecesarias solo para sentirse bien o para satisfacer deseos momentáneos. Sin embargo, este hábito generalmente se basa en la codicia o la impulsividad y es probable que te robe tu felicidad futura. En cambio, es importante priorizar cómo gastamos nuestro dinero, mostrar un aprecio genuino por lo que hemos comprado y ser conscientes de cómo podemos evitar apoyar instituciones dañinas o que destruyan el medio ambiente. Además, debemos considerar cuidadosamente cuál es la mejor manera de invertir los ahorros que acumulemos, y ciertamente, es una buena idea discutir este asunto con personas que sean expertas en el manejo de las finanzas. El dinero a menudo tiene una connotación negativa, pero éste en sí no tiene nada de malo; de hecho, puede resultar muy beneficioso. El único problema es cómo lo percibimos o lo usamos.

3. La Libertad Financiera

Si estamos endeudados con otros financieramente o de otra manera, es posible que no tengamos mucha tranquilidad hasta que la deuda se haya liquidado. Frecuentemente, las personas se endeudan para alcanzar la felicidad temporal, pero luego la deuda se vuelve desproporcionada en comparación con la cantidad de ingresos que obtienen. Esto crea muchas dificultades a largo plazo, y los intereses que tenemos que pagar por el uso de nuestras tarjetas de crédito nos obliga a trabajar aún más. A veces, si pudiéramos ver esta deuda visualmente, ¡se vería como una montaña! Incluso si somos una persona generosa y amable que opta por gastar dinero en otros, esta es una forma imprudente de dar, ya que los intereses que pagamos podrían servir para un propósito mucho más beneficioso.

4. Una Vida Inofensiva

Si hemos ofendido o dañado a alguien no podemos disfrutar de ningún tipo de satisfacción al pensar en nuestras acciones. Las consecuencias de dañar a los demás siempre regresan a nosotros tarde o temprano como un boomerang, ya sea física o mentalmente. A veces estas consecuencias ocurren de manera obvia mientras que otras veces son más oscuras. Incluso en nuestro lecho de muerte no seremos capaces de escapar de las consecuencias de nuestras acciones, y no encontraremos la paz mental difícil de obtener si no hemos llevado una vida inofensiva.

ELEGIR ENTRE UNA VIDA ESPIRITUAL O UNA VIDA SECULAR

Como mencioné previamente, existen innumerables oportunidades y caminos que podemos escoger seguir en nuestras vidas. Sin embargo, hay esencialmente dos caminos principales entre los que debemos decidir: la vida espiritual o la vida secular. Si elegimos la vida secular, debemos decidir entre una vida en pareja o una vida en solitario.

No hablaré mucho sobre la vida espiritual en este momento ya que probablemente parecería un poco extraño o poco realista para la mayoría de los jóvenes en el mundo moderno de hoy. Esencialmente, una vida espiritual es una vida dedicada a encontrar la paz interior, así como la libertad total de todos nuestros pensamientos y emociones descontrolados. Por otro lado, también es una vida en la que debemos estar dispuestos a renunciar a todos los apegos mundanos, muchos de los cuales damos por sentado, con el fin de concentrarnos intensamente en la práctica espiritual bajo la guía de un maestro cualificado. Si este es un camino que deseamos seguir, entonces es algo que debe emprenderse con sumo cuidado. No deberíamos pasar toda nuestra vida adquiriendo o tomando fragmentos de diferentes religiones y prácticas. En cambio, es crucial que encontremos una tradición espiritual auténtica y probada, así como una comunidad y guía espiritual auténtica y bien acreditada.

Afortunadamente, las grandes tradiciones de sabiduría del mundo ofrecen una variedad de caminos adecuados para personas con diferentes predisposiciones y habilidades; aquellos que tienen más inclinaciones intelectuales, aquellos con una devoción natura,l o aquellos a quienes les resulta fácil meditar. En nuestra cultura, es posible que algunas personas se involucren plenamente en una vida espiritual y al mismo tiempo mantengan un trabajo y tengan una pareja, opten por simplificar la vida y traten de integrar esto con la práctica espiritual. Para otros, puede ser más adecuado unirse a una comunidad espiritual más alejada del ajetreado ritmo de la vida cotidiana, o incluso considerar la posibilidad de entrar en un monasterio. Hablaré más sobre la vida espiritual en el próximo capítulo a base de mis propias experiencias en el Tíbet.

Si este tipo de vida nos parece poco convencional, hay muchas oportunidades para buscar la felicidad a través de una vida secular. Esto no significa que no podamos tener una dimensión espiritual en nuestra vida; no obstante, no podremos lograrlo tan profundamente como alguien que lo convierte en el enfoque principal de toda su vida.

Si optamos por la vida secular como hace la gran mayoría de las personas, la decisión más importante que tomaremos será si buscamos la vida en pareja o como persona soltera. Si deseamos tener una pareja debemos considerar cuidadosamente el tipo de persona con la que nos gustaría pasar nuestra vida. Debemos estar preparados para aceptar a las personas tal como son ya que todos tenemos defectos. No esperes encontrar a alguien que sea perfecto e impecable, o parecido a tí, y no esperes cambiarlo más tarde cuando descubras que no es perfecto. Debemos reflexionar honestamente sobre nuestras propias experiencias, nuestro tipo de personalidad y observar a los que nos rodean.

Puede que seamos una persona muy independiente o ambiciosa que desea lograr muchas cosas. Quizás deseamos llevar una vida sencilla y pacífica, o una vida siempre abierta a nuevas oportunidades. Si este es el caso, es posible que sea más adecuado llevar una vida soltera. Con mucha menos inclinación a transigir, tendremos más espacio en nuestra vida. Sin la responsabilidad o la necesidad de dedicar grandes cantidades de tiempo a asuntos familiares, tendremos más oportunidades y libertad para buscar nuestros propios intereses.

Si somos una persona naturalmente considerada y cariñosa que desea dedicar su vida a otra persona formando una familia, es posible que nos adaptemos mejor a una vida con una pareja. Así tendremos más oportunidades para desarrollar estas cualidades y llevar una vida familiar satisfactoria. La mayoría de las personas desean tener una relación cercana e íntima con una pareja y, por consiguiente, se sentirán atraídas a encontrar otra persona en la que puedan confiar, aceptar por completo, y que les proporcione una fuente de amor y seguridad. Esto puede traer una clase de felicidad mucho más poderosa que la que se puede encontrar a través de la riqueza, la fama o las posesiones materiales, ya que siempre habrá amor y seguridad, incluso cuando las circunstancias no sean tan buenas.

QUÉ BUSCAR EN UNA PAREJA

Si optamos por pasar nuestra vida en pareja, es fundamental conocer las cualidades más importantes a buscar en esta. Debemos tener cuidado de no perseguir simplemente emociones fugaces o atracción ciega,[19] ya que este tipo de sentimientos son solo temporales y no hay garantía de que duren mucho tiempo. Cuando termine el período de 'luna de miel' de nuestra relación, puede que no haya nada que la mantenga unida. Si por otro lado, elegimos a nuestra pareja porque tiene las cualidades internas adecuadas, estaremos sentando las bases para un tipo de amor más fuerte, duradero y una vida feliz juntos.

Esto no significa que la 'química' o la 'atracción' no sean importantes. De hecho, se puede sentir cierto tipo de energía entre un hombre y una mujer con polaridades sexuales opuestas, y aprender a utilizar este conocimiento en nuestro beneficio. Lo más común es que un hombre con una fuerte cualidad masculina, con un fuerte sentido de dirección y propósito, se sienta atraído por una mujer con una fuerte cualidad femenina, que se siente movida por su deseo de compartir amor y energía con los demás. Comprender esta polaridad natural puede aportar energía y pasión a una relación íntima. También puede ayudar a una pareja a trabajar juntos como equipo y resolver muchos de los conflictos que surjan.

Algunas personas experimentan una atracción inmediata y duradera entre sí trascendiendo el pensamiento racional hacia un nivel más profundo de sentimiento e intuición, semejante al concepto occidental de 'almas gemelas'. Sin embargo, este tipo de intuición inmediata o sentimiento de conexión generalmente no representa una base sólida para elegir un compañero por sí mismo, siendo importante combinarlo con la razón. Por lo tanto, es esencial reflexionar cuidadosamente sobre las cualidades internas que valoramos en una relación, con el fin de encontrar una pareja que sea más adecuada para nosotros.

Aquí presento una lista de dieciséis cualidades que se deben considerar cuidadosamente al buscar pareja, comenzando con las más esenciales:

A. Cualidades Internas

Un Buen Corazón

La cualidad más importante a buscar es un buen corazón. Deberíamos preguntarnos si él o ella es una persona amorosa y compasiva por naturaleza. Si tu pareja no tiene buen corazón, independientemente de las otras cualidades que posea, es poco probable que seas feliz con esta persona. Recuerda que cualquier cosa puede pasar entre tú y tú pareja porque las circunstancias pueden cambiar en cualquier momento. Una relación en la que ambos compañeros tengan buen corazón podrán sortear estos cambios de la mejor manera posible.

Fidelidad

La siguiente cualidad más importante es la fidelidad. Si no son fieles el uno con el otro, es probable que surjan muchos tipos de problemas. Si no se tienen confianza entre sí, tampoco podrán amarse por completo.

Empatía

Esto se refiere a un sentido genuino de comprensión y sensibilidad, siendo capaz de ponerse en el lugar de la otra persona. Si falta esto, surgirán todo tipo de conflictos y será difícil resolverlos.

Buena Comunicación

Esto es importante porque, incluso si tu pareja no fuese naturalmente sensible o comprensiva, una buena capacidad para comunicarse puede evitar malentendidos y facilitar la resolución de conflictos. Esto incluye la comunicación verbal y no verbal. De esta manera podrás superar el tranque al diálogo 'más eficientemente'. La buena comunicación también puede ayudarte a trabajar en equipo.

Honestidad

Sin honestidad nos resultará muy difícil confiar en la otra persona. Es imposible ocultarle algo a nuestra pareja a largo plazo. Si se entera, corremos el riesgo de perder su confianza independientemente de cuán honestos seamos normalmente.

Creencias e Intereses Similares

Es muy importante tener creencias e intereses similares. Si sus puntos de vista religiosos o políticos son similares, al igual que sus ideas sobre la vida, vivir juntos será más fácil y podrán conocerse de forma más íntima. Tener inclinaciones parecidas hace que sea más fácil pasar tiempo juntos haciendo cosas que ambos disfrutan, en lugar de aburrirse o irritarse el uno con el otro.

Ambiciones Comunes

Esto es crucial si pretenden lograr algo juntos como ser dueños de una casa o formar una familia. Sin metas que sean al menos similares, es fácil renunciar a mitad del camino y fracasar en manifestar las cosas que se propusieron lograr.

Inteligencia

Esta cualidad es importante si desean atravesar períodos difíciles de la vida de manera efectiva y cuando se enfrentan a decisiones importantes. Con la ayuda de un compañero inteligente es más probable que tomemos decisiones acertadas.

Ser Práctico

Es muy útil tener a nuestro lado a una persona práctica cuando se trata de las necesidades cotidianas, tales como las finanzas y otros asuntos familiares. Ocasionalmente podemos ser renuentes a afrontar las realidades de la vida, y abrumados por nuestra situación, preferimos fantasear con otra cosa. Una persona pragmática puede ayudarnos a poner los pies sobre la tierra.

B. Otras Cosas Importantes a Considerar al Buscar una Pareja

Buena Salud

Si elegimos una pareja por atracción física o emociones fugaces y no tenemos en cuenta la calidad de su salud, podemos acabar decepcionados si nuestra pareja siempre se encuentra enferma y nos resulta oneroso cuidar de ella. Sin embargo, visto desde otro enfoque, esto puede presentar una excelente oportunidad para desarrollar tolerancia y compasión.

Una Buena Educación y Carrera

Una mente entrenada y orientada hacia el éxito puede ser útil en la solución de los problemas que surgen en la vida. Aún así, generalmente valoramos la educación y los logros profesionales en exceso, viéndolos como símbolos de alto estatus o buen rango en la sociedad. Debemos asegurarnos de no elegir una pareja de alto estatus solo para lucirnos. Esto sólo nos causará infelicidad a largo plazo.

Trasfondos Culturales Similares

Si dos personas tienen trasfondos culturales similares sus hábitos serán parecidos, por lo que es posible que les resulte más fácil llevarse bien entre sí. Sin embargo, un trasfondo cultural similar no es imperativo ya que los hábitos pueden cambiarse. Lo más importante es que ambos estén dispuestos a aprender y adaptarse en lugar de permanecer obstinadamente atrincherados en sus propias opiniones.

La Familia

A menudo pensamos que el matrimonio o la familia nos harán felices. Si tenemos una familia cercana y solidaria, en la que el amor se comparte incondicionalmente, tendremos una gran ventaja en la vida. Por otro lado, si no desarrollamos afinidad y cuidado dentro de la unidad familiar, o no enseñamos a nuestros hijos la autodisciplina, la vida familiar puede estar plagada de conflictos.

La Belleza

Esto está en la parte inferior de la lista, contrario a lo que la mayoría de la gente esperaría al considerar lo que es importante en una pareja. De la misma manera en que podemos sentirnos orgullosos de tener una pareja con una buena carrera profesional, podemos pensar que tener una pareja hermosa nos hará sentir bien con nosotros mismos o impresionar a los demás. Desafortunadamente, elegir estar con alguien solo porque nos parece atractivo puede generar celos, inseguridad y eventualmente infelicidad cuando la atracción inicial se haya desvanecido. Además recuerda que la belleza está en los ojos del espectador. Si desarrollamos un amor genuino por nuestra pareja, la veremos hermosa irrespectivamente de su apariencia.

Riqueza

Elegir una pareja que sea adinerada puede ayudarnos a lograr una vida cómoda, tener muchos amigos y aliviar el estrés de las cargas financieras. Sin embargo, esto por sí solo no trae felicidad ni paz al fin y a la postre. Incluso, la riqueza puede crear más problemas y quitarnos la libertad, sobretodo si no la usamos de la manera correcta. Por lo tanto, la cantidad de riqueza no es tan importante como nuestra habilidad para usar los recursos económicos que tenemos de una manera sabia o compasiva.

Edad

Algunas personas piensan que la edad es un factor fundamental a considerar aunque en realidad no es tan importante como muchos creen. Si desarrollas amor y confianza genuinas, al igual que un nivel similar de sabiduría, no hay problema con una gran diferencia de edad. Sin embargo, una brecha significativa (por ejemplo cuando tu nueva esposa es más joven que una hija de una relación anterior) frecuentemente implica que hay diferentes expectativas y visión de la vida. Esto puede generar conflictos, por lo que a veces es mejor evitar una diferencia de edad tan grande.

Cuando buscamos una pareja, todas estas cualidades deben sopesarse cuidadosamente. Deberíamos elegir una persona que posea la mayor cantidad de buenas cualidades internas según identificamos en la lista, y con quien nos sintamos cómodos para trabajar como equipo. Aún así, el factor crucial es nuestra intención de dar amor puro y cuidar de la otra persona. Si solo miramos las cualidades del otro para satisfacer nuestras propias necesidades o crear una buena imagen de nosotros mismos, es factible que nuestras expectativas no se cumplan siendo probable que surjan problemas.

También es crucial sentirse cómodo siendo tú mismo con tu pareja en lugar de tratar de intentar estar a la altura de una imagen. En otras palabras, se trata de estar dispuestos a ser honestos y abiertos. Aunque pueda requerir un poco de práctica, es posible crear un espacio donde ambos no tengan nada que ocultar, dando paso a que la verdadera intimidad florezca de forma natural y espontánea.

FELICIDAD EN NUESTRA RELACIÓN

Un joven que había estado casado durante algunos años acudió a su abuelo para pedirle consejo. No estaba contento con su matrimonio, le dijo, y quería romper el vínculo matrimonial. El abuelo le respondió al joven que debía esperar dos meses y durante este tiempo tratar a su esposa como una princesa. Aunque el joven no estaba contento con esto, estuvo de acuerdo. Dos meses después, el abuelo le preguntó al joven si todavía tenía la intención de divorciarse de su esposa." ¿Divorcio -exclamó el joven con expresión de sorpresa- por qué querría hacer eso? ¡Estoy casado con una princesa!"

Esta historia nos muestra que cómo percibimos nuestra situación, depende del adiestramiento de nuestra actitud mental. Si nos entrenamos para pensar que nuestra pareja es un príncipe o una princesa, entonces esto puede convertirse en nuestra realidad. No importa en qué situación nos encontremos, la mejor condición para una relación feliz y saludable es considerar a nuestra pareja como algo valioso y cuidarla de la mejor manera posible.

Sin embargo, esto no significa que podamos hacer que cualquier relación funcione perfectamente si solo nos esforzamos lo suficiente. Más bien, nuestro objetivo debe ser crear una situación en la que los pensamientos y sentimientos positivos que tenemos el uno por el otro superen en gran medida los negativos (que tienen todas las parejas). Esto hace que una pareja se entienda mejor, se honre y se respete entre sí y a su relación. De esta manera, podemos decir que esa pareja es 'emocionalmente inteligente'.[20]

Cuando estamos en una relación, es importante ser flexibles y estar dispuestos a cambiar algunos de los hábitos personales que no le gustan a nuestra pareja. También tenemos que aprender a aceptar los hábitos de nuestra pareja, incluso si son molestos y requieren mucha paciencia y perdón de nuestra parte. A menudo necesitaremos recurrir cada vez más a la paciencia y al perdón según profundicemos en una relación. Esto es así ya que la euforia y el brillo inicial tiende a difuminarse en algún momento e inevitablemente comenzamos a notar fallas. En algunos casos, no solo necesitamos paciencia y perdón, sino también una gran habilidad para ayudar a la otra persona a superar sus debilidades.

En la cultura budista tibetana, un maestro espiritual siempre señala las debilidades de un alumno, y a veces incluso las exagera hasta el punto de la humillación. Esto solamente se le hace a los estudiantes que tienen el mayor potencial. Esta técnica generalmente significa un desastre en una relación personal, incluso si tenemos las mejores intenciones. Debemos recordar que la confrontación directa rara vez funciona a menos que seamos muy hábiles en nuestra técnica, o nuestra relación tenga una base muy sólida. Además, antes de intentar ayudar a nuestra pareja con sus debilidades, debemos comprender completamente las debilidades propias y lo difícil que son de superar.

Debemos tener en cuenta que es muy fácil atribuir la conducta del otro a sus faltas personales, cuando en realidad pueden responder a otras causas. Debemos tratar de evitar esto siempre que sea posible ya que en realidad solo estamos adivinando o imaginando por qué la otra persona se está comportando de una manera en particular. En cambio, es necesario comunicarse bien y aclarar la razón de su comportamiento, poniéndose en su lugar. Aún así, no esperes escuchar lo que quieres escuchar. Prepárate para escuchar lo que sea. Mantén tu determinación de resolver el problema independientemente de la dificultad o el tiempo que requieran. Si tu pareja parece irracional o irrazonable, recuerda que ello no representa la realidad de su corazón. Permite que la conciencia de la sabiduría y la compasión te guíen hacia el mejor curso de acción. La mayoría de las veces encontrarás una solución o las bases para transigir. Pero si este no fuera el caso, posiblemente necesitarás aceptar lo que no se puede cambiar.

No es sorprendente que estos principios apliquen no solamente a la relación de parejas sino a cualquier otra relación tal como la familia, los amigos, los socios comerciales o los vecinos. La fuente última del conflicto es demasiado enfoque en uno mismo y la falta de consideración por el otro. Sin embargo, esto rara vez es intencional. Todos somos conscientes de que no es deseable ser egoísta, mientras que ser atento y cariñoso son buenas cualidades. Aún así, sufrimos del hábito profundamente arraigado de enfocarnos en nosotros mismos, en parte derivado de nuestra cultura y educación. La única forma de superar este hábito es hacer brillar la luz de la conciencia sobre nuestras acciones a lo largo del día, reflexionando cuidadosamente sobre cómo pensamos, hablamos y actuamos. ¿Estamos siendo cariñosos y atentos? ¿Podemos mejorar nuestras acciones de alguna manera? ¿Podemos decir que estamos actuando de una manera 'emocionalmente madura'? Gradualmente podemos descubrir una persona menos egocéntrica, más compasiva y más simpática.

EL ENAMORAMIENTO Y LOS CORAZONES ROTOS

He hablado extensamente de las cualidades importantes que debemos sopesar al seleccionar un compañero en lugar de simplemente elegir a alguien porque nos 'enamoramos'. Aunque esto puede parecer un concepto extraño para muchas personas en el mundo moderno, creo que se puede evitar mucho dolor y sufrimiento emocional si aprendemos a ver el tema del amor desde una perspectiva más madura y fundamentada.

Ciertamente el amor romántico puede ser el sentimiento más estimulante y placentero que todos podemos experimentar. Cualquiera puede compartir este asombroso estado de dicha, sin importar su estatus social, credo o cultura, o si se es rico o pobre. Sin embargo, también hay un lado oscuro del amor romántico. Podemos pensar que durará para siempre, pero no siempre es así. La dicha del amor romántico puede desgastarse después de unos meses o años, y las dos personas que alguna vez no podían soportar separarse pueden encontrarse repentinamente celosas, enojadas o deprimidas. Además, los sentimientos de atracción pueden no ser correspondidos, y esto también puede conducir a un desamor inconsolable. Podemos preguntarnos, ¿cómo podemos aprender a prevenir o afrontar estas situaciones?

Si el sentimiento inicial que viene con el enamoramiento durara para siempre y este terminara en felicidad, sería completamente razonable elegir una pareja de vida sobre la base del amor romántico. Sin embargo, para muchas personas este sentimiento dura poco tiempo y termina en infelicidad, incluso desesperación. A menudo, la persona a la que se ama no experimenta lo mismo, dejándonos impotentes ante el anhelo intenso e incontrolable que experimentamos por el ser querido. No entiendo del todo por qué la gente piensa que enamorarse está fuera de su control. Ciertamente, creo que enamorarse es una emoción muy poderosa, sin embargo cualquier emoción, no importa la que sea, es creada por nuestras mentes. Por ello deberíamos poder adiestrarr nuestras mentes para lidiar con tales emociones de una manera más constructiva.

Considero que muchas de nuestras creencias sobre el amor se basan en la cultura y me parece intrigante que la literatura y psicología occidental carezca de consejos o guías específicas para enseñar a las personas cómo controlar el enamoramiento. La literatura, canciones y poesía occidentales tienen una muy buena comprensión de los sentimientos cautivantes y sublimes que ofrece el amor romántico, al igual que la desesperación que proviene de un corazón roto. Pero existen muy pocos consejos sobre cómo recuperarse de un fracaso amoroso o sobre cómo prevenir que ello ocurra en primer lugar. Más bien, la literatura y la poesía parecen reforzar la actitud de que enamorarse es algo que está completamente fuera de nuestro control y que es consustancial a la naturaleza humana ser esclavos de dichas emociones. Quizás sería más beneficioso preguntarnos cómo podemos controlar estos sentimientos ya que el enamoramiento no siempre acaba en felicidad, e incluso puede reforzar actitudes negativas y posesivas. Si no se monitorean, estas actitudes nos pueden aprisionar.

Habiendo reconocido el lado oscuro del amor romántico, ¿qué podemos hacer al respecto?

En primer lugar, a la hora de buscar pareja puede ser de gran ayuda tener en cuenta las cualidades internas que pueda o no poseer. Aún si no es físicamente atractiva al inicio, si es rica en cualidades internas, ésta se volverá más atractiva para ti a través del tiempo según comparten el amor que se profesan. Por otro lado, si la atracción física es la única base de tu amor, esto puede desmerecer las características internas de tu pareja y su 'belleza' puede desvanecerse a medida en que los problemas afloren.

En segundo lugar, debemos darnos cuenta de que el amor romántico casi siempre contiene un elemento de apego que puede nublar nuestro juicio y rompernos el corazón posteriormente. Reconocer esto es fundamental cuando buscamos pareja. Es como si nos arrastraran corriente abajo quedando atrapados en los caños y la maleza de la orilla del río, mientras pensamos que podemos escalar hacia tierra firme. Sin embargo, la maleza se rompe porque no está firmemente enraizada a la orilla del río, y la corriente nos arrastra nuevamente. De manera similar, podemos pensar que una relación nos traerá felicidad permanente, pero si no hay una base de amor incondicional, rara vez producirá dicho resultado. Esto no significa, por otro lado, que toda relación basada en el amor romántico esté condenada al fracaso. Si una relación se fundamenta en respeto genuino y amor incondicional, entonces el enamoramiento puede conducir a una felicidad duradera.

Puede ser que ya estemos en una relación y de repente nos demos cuenta de que tenemos muy poco en común con nuestra pareja. En este caso puede ser mejor reconocer estas diferencias, ser prácticos, y movernos de espacio sobre todo cuando hemos intentado conciliar diferencias y el ejercicio ha sido inútil. Aunque esto puede sonar un poco irracional, si sentimos por ellos verdadero amor y compasión, nos alegraremos que estén felices aún cuando no quieran estar con nosotros. Nos daremos cuenta de que esto es cierto si realmente aprendemos a ponernos en su lugar y consideramos su bienestar por encima del nuestro.

Solo deseo hacer un comentario final sobre el tema del enamoramiento. Hay un dicho popular en Occidente que propone que luego que la gente se enamora "viven felices para siempre". Pretendamos por un momento que esto es al menos parcialmente cierto: una pareja se enamora y luego viven juntos felizmente. Sin embargo, al final uno de ellos morirá inevitablemente. Claro está, sabemos que esta es la realidad de la vida y que tenemos que aceptar y manejar la naturaleza impermanente de todos los fenómenos si queremos encontrar la felicidad. Luego abordaré este tema, pero por ahora basta con darnos cuenta de que el enamoramiento, al igual que todo lo demás en nuestras vidas es impermanente, ¡y puede ser bastante más fugaz que muchas otras cosas!

LAS MUCHAS CARAS DIFERENTES DEL AMOR

De hecho hay muchas formas distintas de amor, siendo el amor románti-co solo un ejemplo de ellas. El amor es algo que todos los seres humanos tenemos la capacidad de experimentar, independientemente de tu idio-ma, cultura o creencias. Aunque nuestras experiencias amorosas sean limitadas todavía tenemos una idea de lo que significa la palabra 'amor' y aún así, ésta evoca en cada uno de nosotros una perspectiva diferente de lo que es y cómo debería ser.

Podemos hablar de cinco categorías principales de amor, la mayoría de los cuales habremos experimentado a esta edad: amor paterno, amor romántico, amor afectuoso, amor posesivo y amor compasivo.

Cada una de ellas tiene un énfasis o valor ligeramente diferente, pero todas comparten el mismo potencial de amor compasivo. El amor com-pasivo representa el amor supremo ya que la felicidad duradera solo se logra cultivando esta cualidad. Puede ser extremadamente útil analizar los valores y deficiencias de cada categoría para ayudarnos a identificar cómo el amor que tenemos por los demás puede transformarse en algo aún más valioso y significativo.

1. El Amor de los Padres

Frecuentemente se le identifica como el 'amor de madre' y describe el amor de una madre por su hijo. En el mundo moderno también podemos hablar de 'amor de padre'. Este tipo de amor está impreg-nado de paciencia, tolerancia y sostén. A menudo se considera 'in-condicional', pero en realidad no siempre suele ser el caso. Suele ser fuerte y constante, usualmente dura toda una vida, y ciertamente no depende de tantas condiciones como las otras formas de amor. Esto trae alegría y consideración, pero a veces también contiene una sensación de posesión. Ello puede provocar mucho dolor cuando nuestros hijos luchan por su independencia y nos damos cuenta de que tenemos muy poco control sobre cómo eligen actuar. Si tuviéramos que pensar en el amor de los padres en términos de porcentajes, podríamos tener un 50% de compasión y cariño, un 20% de título de propiedad y aproximadamente un 30% de apego.

2. Amor Romántico

Esta forma de amor poderosa y emocional se manifiesta como atracción, pasión y adoración. Según discutieramos antes, al principio el amor romántico trae gran alegría, orgullo y fuerza interior. A veces se manifiesta como amor compasivo, pero por lo general está imbuido de actitudes egocéntricas y posesivas. Por ejemplo, podemos sentirnos arrastrados por el apego a la apariencia física, reputación, o imagen de una persona lo que nos lleva a experimentar sentimientos de posesión, celos o ansiedad. Por ende, casi siempre es una forma de amor condicionado y rara vez es duradero, especialmente si nuestra relación se basa solamente en sentimientos superficiales.

El amor romántico generalmente contiene alrededor de un 30% de orgullo, un 20% de título de propiedad, un 30% de apego y un 20% de cariño y compasión. Mientras predominen los celos, la posesividad y las actitudes egocéntricas, esta forma de amor es condicional e insegura. Sin embargo, con una mayor proporción de cariño y compasión las preocupaciones egocéntricas se disiparían y se podría experimentar una sensación más profunda de felicidad. De esta forma, el amor romántico puede volverse incondicional.

3. El Amor Afectuoso

Esta forma de amor evoca sentimientos cálidos hacia otros seres vivos como bebés, animales y mascotas. También puede sentirse mientras estamos envueltos con la naturaleza, el arte, la música o cualquier cosa que inspire tales sentimientos. La experiencia de calidez que usualmente surge en el amor afectuoso suele ir acompañada de una sensación de alegría sincera que no depende de ninguna condición específica. Más bien, se asocia con sentimientos semejantes a la protección, suavidad y dulzura. El amor afectuoso generalmente contiene alrededor del 10% de orgullo y propiedad, 20% de apego, 30% de compasión y 40% de cuidado.

4. EL Amor Posesivo

Este tipo de amor se asocia con estados mentales negativos o destructivos tales como el deseo, la envidia, el orgullo o sentimientos que son sólo superficiales. Un ejemplo sería el amor hacia ciertos objetos producto de nuestra vanidad o deseo de autogratificación. Esta forma de amor contiene alrededor del 50% de título de propiedad y orgullo, 30% de apego, 20% de cuidado, y casi nada de compasión.

5. El Amor Compasivo

Se refiere a la comprensión, empatía y el cariño genuinos, o cuando existe una alta proporción de estas cualidades. Es un sentimiento de amor y cuidado por todos los seres vivos como iguales a uno mismo, lo que no significa sentir lástima o simpatía hacia los que están sufriendo. Más bien es un cariño genuino, sin prejuicios e incondicional, por todos los seres independientemente de su apariencia, estado o circunstancias.

Nuestra capacidad para encarnar el amor compasivo varía enormemente. Creo que todos tenemos el deber natural de desarrollar esta cualidad, ya que representa el mejor interés nuestro y de los demás. En particular, puede conducirnos hacia grados de felicidad y fortaleza superiores; incluso puede ayudarnos a alcanzar la iluminación. El cultivo del amor compasivo normalmente requiere un alto grado de reflexión y entrenamiento mental; sin embargo, hay personas excepcionales que lo tienen en el corazón de forma natural.

La mejor compasión debe combinarse con sabiduría, así nuestro cariño por los demás puede volverse genuino, indestructible y claro. Si descansamos en la simpatía o la piedad por sí mismas, será difícil encontrar una solución que realmente beneficie a los demás. En vez, podemos terminar sintiéndonos desanimados por la inefectividad de nuestras acciones, disminuyendo nuestra compasión aún más.

Entonces, ¿cómo podemos desarrollar el amor compasivo? Puede ser extremadamente útil identificar qué formas de amor están presentes en nuestras relaciones para luego esforzarnos en aumentar los niveles de compasión, respeto y gratitud en las mismas. A la misma vez vamos reduciendo el apego, la obsesión por uno mismo y el orgullo. Muchos aspectos de nuestra vida cotidiana están influenciados por una cultura que no enfatiza la importancia del amor compasivo. Por lo tanto, es crucial practicar esto con nuestros compañeros, familias y las personas más cercanas a nosotros. Sobre esta base, entonces podemos extender el amor incondicional hacia todos los seres vivos con la confianza de que ello nos conducirá hacia una mente más fuerte y una vida más feliz.

Afortunadamente tenemos muchos modelos maravillosos a seguir para practicar esta forma de amor. En la tradición budista se les conoce como *Bodhisattvas*, seres que encarnan un amor ilimitado e incondicional por todos los seres vivos. Por lo tanto, independientemente de lo que éstos hagan, sus vidas siguen llenas de alegría. La compasión del bodhisattva surge cuando se unen la compasión genuina con la sabiduría, lo que también se conoce como la 'compasión del guerrero'. Ello significa que para los Bodhisattvas no hay circunstancia que pueda destruir o hacer que abandonen esta cualidad. Todo el mundo debería aspirar a emular esta cualidad ya que sin ella nunca superaremos el sufrimiento completamente. Todos tenemos el potencial de lograr esta cualidad y, por consiguiente, debemos hacer todo lo posible para cultivarla, independientemente de los obstáculos que surjan en nuestro camino.

ALCANZANDO METAS Y FORTALECIENDO EL CARÁCTER

Cualquiera que sea la etapa en la que nos encontremos en nuestra vida es importante tener metas, más aún en la juventud cuando poseemos tanto potencial para dedicarnos a lograrlas. Las metas pueden ser tanto temporales (como terminar un curso de estudio), o a largo plazo (como hacer un descubrimiento importante o lograr un desarrollo espiritual). Los objetivos también deben valer la pena. Por ejemplo, comprar una casa o un barco lujosos no nos ayudará necesariamente a labrar felicidad futura. Pero un objetivo que implique ayudar a otras personas sí nos beneficiará al final y a la postre para nuestro bien y el de los demás. Sin metas realistas y que valgan la pena viviremos la vida en un estado infantil o de ensueño, corriendo el peligro de irnos a la deriva sin saber nunca a qué dirección nos dirigimos, y fracasando en realizar nuestro potencial de hacer la diferencia en el mundo.

Si hemos logrado al menos algunas metas en la vida, ¡es maravilloso! Este es el primer paso crucial, mientras que el segundo paso decisivo es tratar de cumplir estos objetivos. Las cualidades mentales que debemos cultivar para lograrlo incluyen la ambición y la diligencia entusiasta. Sin estos, cualquier objetivo se convierte en una fantasía.

También es importante creer firmemente en nuestra habilidad para lograr los objetivos que nos fijamos. Si no tenemos una convicción total en nuestra capacidad para triunfar, habrá muchas posibilidades de que nos demos por vencidos cuando surjan circunstancias desalentadoras. Si por otro lado, tenemos una fuerte confianza en nosotros mismos, entonces no importarán los obstáculos que se interpongan en nuestro camino ni cuantas veces fracasemos. Siempre seguiremos intentándolo, y en algún momento, tendremos eventualmente una alta probabilidad de tener éxito.

La capacidad de perseverar sin importar los obstáculos a los que nos enfrentemos se reduce en última instancia a la fortaleza de carácter. La piedra angular de un carácter bueno y fuerte es una combinación de autoconfianza, disciplina y fortaleza mental, unido a un alto grado de satisfacción mental. Algunas personas nacen con estas características, pero la mayoría de nosotros tenemos que trabajar duro para lograrlas, ¡teniendo cuidado de no desarrollar una a expensas de la otra! Con esto quiero decir que es importante aplicar la sabiduría en cómo desarrollamos nuestro carácter. Por ejemplo, cuando tratamos de desarrollar la autoconfianza, podemos caer presa del orgullo o incluso de la arrogancia; cuando tratamos de desarrollar la satisfacción mental, podemos terminar siendo complacientes.

Es importante monitorear constantemente tanto nuestros pensamientos como nuestras acciones, aplicando la sabiduría a la dirección que tomemos externa e internamente. Aquí es donde resulta muy útil contar con un mentor o maestro espiritual que nos oriente en el desarrollo de nuestras cualidades mentales. No importa si este 'mentor' tiene antecedentes religiosos o un alto nivel de educación; el punto crucial es que esté familiarizado con las buenas cualidades de las que estamos hablando.

COMPLACENCIA VERSUS SATISFACCIÓN

Llegado este punto, deseo hablar un poco más sobre la complacencia. Ya he mencionado que cuando hablamos de cultivar el contento a veces la gente lo confunde con complacencia. ¿Qué quiero decir con esto? Por ejemplo, alguien escucha que para alcanzar la felicidad debemos cultivar nuestras cualidades internas buenas y aprender a estar contentos con lo que tenemos en vez de siempre querer más. A menos que tengamos sabiduría y buena percepción, o un buen maestro, podemos pensar que todo lo que necesitamos hacer es tener una actitud positiva y no preocuparnos por nada. Desafortunadamente, esto normalmente nos hace perder el enfoque y nos desorganizamos. Esto es lo que quiero decir con complacencia.

Una actitud complaciente no nos ayudará a alcanzar la felicidad. Si bien el tener una actitud relajada y tranquila a veces puede ser beneficioso, podemos caer en los extremos del descuido o de una voluntad débil. Si bien es importante estar contento con nuestras circunstancias, también es crucial darse cuenta del potencial que tenemos para cambiar nuestra situación aplicando un poco de esfuerzo. Es posible estar contentos con lo que tenemos y en dónde nos encontremos mientras continuamos esforzándonos duramente por lograr nuestras metas. Para dar un ejemplo, si nos limitamos a tomar duchas frías porque la instalación de agua caliente se ha averiado, podemos estar 'contentos' con duchas frías por ahora y no dejar que esto perturbe nuestra paz mental. Sin embargo, ¡ello no significa que no queramos arreglarlo! Si somos demasiado complacientes, se pierden muchas oportunidades y nuestro potencial para mejorarnos puede permanecer sin ser reconocido.

Si caer en la complacencia es un extremo que nos aleja de la verdadera satisfacción, el otro extremo es la incapacidad de estar satisfechos con nuestra situación. Por más satisfactorias que puedan parecer nuestras circunstancias externas, si siempre estamos insatisfechos, constantemente querremos más y no apreciaremos lo que ya tenemos. Esta actitud tan arraigada a menudo se basa en una mentalidad de competitividad y envidia, querer ser mejores que los demás o estar orgullosos de nuestros propios logros. Desafortunadamente, esto es frecuentemente fomentado por la sociedad en la que vivimos.

Recientemente leí un informe revelador que describe una encuesta que pedía a las personas que respondieran a la siguiente pregunta: ¿Preferirías estar en un trabajo donde devengues $ 100,000 dólares por año mientras que todos los demás ganan $ 80,000, o prefieres un trabajo donde ganas $ 150,000 por año mientras otros en tu mismo lugar de trabajo ganan $ 200,000? La respuesta me pareció obvia, por lo general a la gente le gustaría ganar más dinero. Sin embargo, la mayoría de las personas optaron por ganar menos dinero, ¡siempre que ganaran más que sus compañeros de trabajo!

Creo que esto ofrece una percepción importante de la naturaleza humana: que nos gusta ser mejores que los demás y estamos insatisfechos cuando no lo somos. Sin embargo, si pensamos que tener un millón de dólares nos haría felices y eventualmente alcanzamos esta meta, no necesariamente encontraremos la felicidad cuando lo logremos. Por el contrario, ¡podemos pensar que necesitamos dos millones, cinco millones o incluso diez millones de dólares para ser felices! Es raro encontrar verdadero contento cuando nuestra mente está enfocada en acumular riqueza material.

Si usáramos el tiempo que le dedicamos a ganar dinero, al desarrollo de la autodisciplina y la satisfacción en nuestras mentes y corazones, nuestro tiempo podría estar mejor aprovechado. Al descubrir el valor del contento seríamos felices todo el tiempo, habiendo encontrado una verdadera fuente de riqueza. Además, probablemente estaremos más saludables porque una mente contenta trae paz; así lo demuestran múltiples estudios científicos que prueban que una mente en paz es necesaria para un cuerpo sano. Por ejemplo, una mente sana y libre de estrés puede reducir la presión arterial y la frecuencia cardíaca, mejorar la función inmunológica y acarrear beneficios en una amplia gama de afecciones,[21] que incluyen enfermedades cardíacas, diabetes y cáncer. Por ende, la satisfacción no solamente es buena para la mente, sino también para el cuerpo.

EL QUÉ Y EL POR QUÉ DE LA COMPASIÓN

Todo el mundo está familiarizado con la palabra 'compasión' y concuerda en que es algo bueno. Entonces, ¿por qué luchamos para lograrlo? Aunque la gente pueda mencionar la compasión casi todos los días, nuestra sociedad nos anima a enfocarnos principalmente en nosotros mismos. Aunque podamos escuchar acerca de la empatía y la compasión usualmente no se nos adiestra para el desarrollo y mantenimiento de estas cualidades. Incluso si escuchamos ocasionalmente acerca de las ventajas de practicar la compasión, rara vez logramos entender su significado verdadero y rara vez apreciamos los beneficios que esto puede traer a corto y largo plazo.

Mucha gente piensa que la compasión aplica sólo a situaciones en las que las personas están sufriendo, y que hay que sentirse triste y miserable por ello. Sentir lástima por el que está sufriendo es importante, es un buen primer paso, pero está muy lejos de expresar la compasión genuina que conlleva aprestarnos para actuar impulsados por este sentimiento. La compasión no requiere sufrir en lugar de los demás sino preparar nuestra mente para eliminar la fuente de ese sufrimiento, independientemente de cuán difícil sea. Inspirados con esta motivación, podemos entonces actuar para aliviar a los que sufren físicamente o aliviar el sufrimiento mental proponiendo formas de razonamiento más diestras. Si sostenemos esta intención o cualidad pura en nuestra mente, seremos bendecidos con una sensación de paz interior y resiliencia, terminando mucho menos preocupados por nuestros propios problemas.

La mayoría de los seres humanos, sean religiosos o no, concuerdan en que la compasión es una virtud muy importante. Sin embargo, cuando escudriñamos de cerca podemos ver que hay muchos niveles diferentes de compasión.

El primer nivel ocurre cuando nos conmueve el sufrimiento de personas cercanas a nosotros. Por ejemplo, si un amigo nuestro se ve involucrado en un accidente automovilístico que lo deja sin poder caminar, o si conocemos a alguien que se está muriendo de cáncer, entonces nos sentimos motivados en hacer nuestro mejor esfuerzo para ayudarlos en esta situación.

El segundo nivel ocurre cuando nos conmueve el sufrimiento de todos los seres humanos, incluyendo el de personas de todas las religiones y ámbitos de vida. Si nos enteramos de un terremoto en las noticias, aunque no conozcamos a las víctimas podemos motivarnos a hacer todo lo posible para ayudarlas. Si escuchamos sobre las consecuencias del calentamiento global, podemos desarrollar compasión por todas las personas que se verán afectadas.

El siguiente nivel es desarrollar compasión por todos los seres sin ningún tipo de prejuicios. Nos damos cuenta de que todos los seres, incluidos nuestros enemigos y aquellos que actúan mal, desean ser felices y evitar el sufrimiento al igual que nosotros mismos. Es por eso que sentimos compasión por ellos de la misma forma en que lo hacemos por los que son cercanos a nosotros, entendiendo que éstos son prisioneros de sus debilidades. Esto no aplica solamente a los seres humanos sino que incluye a todos los animales que también tienen la capacidad de experimentar placer y dolor, y por ello se convierten en objeto de nuestra compasión. Entonces, si vemos una araña o un mosquito no lo matamos simplemente porque lo encontramos irritante, sino al contrario, somos intensamente conscientes de su derecho a la vida.

El cuarto nivel de compasión se basa en la profunda sabiduría que nos hace conscientes de causas de sufrimiento más profundas, y que trascienden las que podemos observar a nuestro alrededor. Nos damos cuenta de que a pesar de que todos los seres vivos desean ser felices, por razón de la ignorancia y acciones desacertadas, crean continuamente las causas del sufrimiento para sí mismos. ¿Por qué un alcohólico se emborracha y actúa de manera irresponsable, o por qué un ladrón y un asesino actúan de la manera en que lo hacen? Aunque podamos concluir que ello responde a sus adicciones, también es cierto que en el fondo ellos buscan algún tipo de satisfacción o realización, aunque sus acciones torpes creen sufrimiento para ellos mismos y para los demás. Como no pueden verlo, la causa fundamental de su sufrimiento es la ignorancia.

Los ricos y famosos tampoco son inmunes al sufrimiento. Sufren cuando se extinguen las condiciones que propiciaron su buena fortuna. No solo esto, sino que en cada momento siempre tienen algo de qué preocuparse; tal vez estén insatisfechos con su apariencia o estén celosos de alguna nueva celebridad. También tienen familiares por los que se preocupan tales como padres ancianos o hijos. Por lo tanto, no importa cuán buena o mala parezca la situación de una persona, todavía no están libres del sufrimiento. Si pensamos en ello profundamente, vemos que prácticamente todo el mundo está continuamente inmerso en algún tipo de sufrimiento, o está creando las causas de su sufrimiento futuro. Con este entendimiento, nuestra compasión se vuelve aún más profunda.

Finalmente, el nivel supremo de compasión se fundamenta en la comprensión del altruismo,[22] lo que significa que observamos que todo es interdependiente e insustancial, sin que nada exista realmente por sí mismo. Esta es una idea vasta y profunda representando la esencia de la filosofía budista. Para dar una idea de este principio imagina que podemos leer la mente de alguien que está soñando, pudiendo observar que sufre terriblemente en un ambiente infernal. Sabemos que esto es solo un sueño que ellos mismos han creado en su mente, sin saberlo. Más que cualquier cosa en el mundo, deseamos despertarlos porque vemos directamente el increíble potencial que tienen de sentir felicidad si tan solo pudieran darse cuenta de que el sueño no es real. Con este entendimiento surgirá un profundo nivel de compasión espontáneamente.

Por otro lado, comprender el altruismo significa darnos cuenta de que innatamente no existe ni un 'yo' ni un 'otro'. A medida que la barrera entre nosotros y los demás se desvanece, nuestra propia felicidad no es más importante que la felicidad de las otras personas. La compasión por todos los seres surge de forma natural. Esto no es un tema fácil de comprender para todos, pero de vez en cuando podemos vislumbrarlo a través de la experiencia directa.

¿Cómo se logra una comprensión más profunda y práctica de la compasión en nuestra vida cotidiana? Imagina que de repente tenemos una discusión con alguien. Podemos pensar que es una mala persona o que ellos están equivocados y nosotros tenemos la razón. En ese momento podríamos sentir una fuerte sensación de un 'yo' y un 'otro' separados. Sin embargo, si analizamos la situación de cerca y nos ponemos en su lugar, encontraremos que hay muchas causas y condiciones que no hemos tenido en cuenta al concluir que nuestro oponente está 'equivocado'. Descubriremos muchos factores que contribuyen a los eventos que llevaron a la discusión. Podríamos descubrir que la otra persona había tenido un mal día, que nosotros también tenemos parte de responsabilidad, o que hay un gran malentendido sobre la raíz del conflicto.

Cuando tomamos en cuenta el hecho de que siempre entran en juego una amplia red de factores interdependientes, apreciamos la realidad con mucha más claridad y nos acercamos a comprender la verdad del altruismo. Ya no hay fundamento para la ira. Por el contrario, sentimos una empatía y paciencia natural al darnos cuenta de que ambas partes solo queremos ser felices y que, por ende, ningún conflicto tiene sentido.

Si de verdad entendemos que al igual que nosotros todo ser vivo busca la felicidad y trata de evitar el sufrimiento, *entonces* nuestra compasión será estable y sin límites. Sin embargo, esto es difícil de lograr en la práctica ya que nuestra compasión ocasionalmente es limitada. Aún si este fuere el caso, practicar cualquier nivel de compasión es beneficioso. Recuerda que desarrollar un sentido de compasión genuinamente estable e imparcial puede tomar muchos años. También debemos tener en cuenta que la compasión no es solo sentirse triste cuando otros sufren, sino que también representa una sensibilidad que nos permite *comprender* a los demás. Por tanto, la compasión y la sensibilidad aportan apertura y cercanía con los demás.

GENEROSIDAD, PACIENCIA Y GRATITUD

Una forma natural de expresar compasión es siendo generosos, pacientes y mostrando un sentido de gratitud por todo lo que tenemos. Especialmente durante la edad adulta temprana, estas acciones nos guían poderosamente hacia una vida feliz, plena y significativa.

Ser generoso no significa regalar todas nuestras pertenencias a otros. Significa adiestrarnos para evitar la codicia, la pereza, y estar mentalmente preparados y dispuestos a ayudar a los demás ofreciendo asistencia material, tiempo y otras formas de apoyo cuando sea necesario. Ser generoso también significa ser paciente, ser capaz de perdonar y soltar la ira o el resentimiento fácilmente.

La paciencia significa que cuando alguien está enojado con nosotros o nos trata de manera irrazonable no reaccionamos negativamente, sino que respondemos con calma, raciocinio y compasión. También incluye la perseverancia en el logro de nuestros objetivos, aún cuando nos enfrentamos a dificultades. La paciencia no significa simplemente esperar ociosamente a que ocurran los eventos sin buscar soluciones alternativas, o simplemente aceptar circunstancias adversas sin intentar cambiar nuestra situación. Eso sería complacencia.

Los deportistas entrenan su cuerpo con mucha paciencia y en general son mucho más felices que los que están inactivos. Los beneficios y el valor de adiestrar nuestra mente en la paciencia y la generosidad serán mucho mayores que los obtenidos por los atletas. Es especialmente beneficioso practicar la paciencia y la generosidad a través de nuestro discurso y acciones cotidianas. Luego podremos sentir que estas cualidades siempre están con nosotros. Después de cierto tiempo, vivir de esta manera se convierte en una inmensa fuente de alegría. Recuerda que aunque parezca que somos pacientes o generosos en beneficio de otra persona, es difícil predecir en cuánto se beneficiarán con nuestras acciones. *Nosotros* en cambio siempre saldremos beneficiados.

La mayor parte de la insatisfacción e infelicidad que experimentamos en nuestras vidas se debe a la falta de aprecio de las cosas valiosas que ya tenemos. Por ejemplo, cuando estamos sanos nos olvidamos de apreciar nuestras facultades mentales, nuestra capacidad para ver y oír, o nuestras habilidades físicas. Olvidamos estar agradecidos por nuestra preciada existencia humana cuando todo va bien, pero cuando nos enteramos de que tenemos cáncer o alguna otra enfermedad grave de repente nos damos cuenta de lo afortunados que fuimos. Todos los que sufren un trauma o una enfermedad reconocen el valor de su buena salud anterior. Es mejor aprender a apreciar la buena salud todos los días y experimentar esa felicidad ahora en lugar de esperar a que alguna desgracia futura nos enseñe esta lección.

Si reflexionamos detenidamente descubriremos que hay muchas cosas por las que podemos estar agradecidos. Sin embargo, más que cualquier otra cosa, son las personas queridas y cercanas a nosotros las que realmente merecen nuestra gratitud. Hay una historia de la época del Buda que lo ilustra:

En una ocasión el Buda encontró a un comerciante llamado Sigala,[23] mientras éste hacía reverencias a las seis direcciones: este, oeste, sur, norte, abajo y arriba. El Buda le preguntó por qué realizaba este ritual y él respondió que su padre le había dicho que reverenciara a las seis direcciones todas las mañanas a pesar de que no sabía cuál era el propósito de ello. El Buda respondió: "inclinarse es una práctica que puede traer felicidad tanto en el presente como en el futuro". Le dijo a Sigala que podía contemplar la gratitud hacia sus padres cuando se inclinaba hacia el este y la gratitud hacia sus maestros cuando se inclinaba hacia el sur. Al inclinarse hacia el oeste podía contemplar la gratitud por su familia, al inclinarse hacia el norte podía contemplar la gratitud por sus amigos. Inclinándose hacia abajo podía contemplar la gratitud por sus compañeros de trabajo, y finalmente al hacer reverencias hacia arriba podía contemplar la gratitud hacia todas las personas sabias y virtuosas.

La necesidad de adiestrar la mente para desarrollar cualidades internas

Aquí deseo reiterar la importancia de hacer un esfuerzo diligente para cultivar las cualidades internas que conducen a la felicidad, en lugar de depender de factores externos que están fuera de nuestro control. Todos desean experimentar la felicidad todo el tiempo, pero esto depende de hasta qué punto estemos dispuestos a llegar para cultivar las condiciones primarias para la felicidad.

No hay nada de malo en trabajar para lograr condiciones secundarias de felicidad tales como la educación, la carrera, las relaciones o las vacaciones. Pero lo más importante es reconocer las condiciones primarias de la felicidad que se encuentran en nuestras cualidades mentales y practicarlas genuinamente. ¿Por qué esto? En primer lugar, es extremadamente difícil hacer que todas nuestras circunstancias sean perfectas e incluso si pudiéramos lograr las circunstancias deseadas en este momento, muy pronto podríamos sentirnos insatisfechos con lo que teníamos si no hemos desarrollado nuestras cualidades internas.

Si no hemos desarrollado la gratitud, podemos estar ciegos a la buena fortuna que ya tenemos y encontrar muy poca felicidad aún en las circunstancias más afortunadas. Si carecemos de disciplina, podemos aburrirnos fácilmente y perder la concentración cuando las circunstancias no son de nuestro agrado. Si no hemos desarrollado la paciencia, perderemos la calma y la paz mental cuando nos enfrentemos a situaciones difíciles. Por lo tanto, mientras más dependamos de las circunstancias externas para nuestra felicidad en vez de estas cualidades internas, nos tornaremos más sensitivos ante la dificultad más pequeña. Luego desarrollamos el hábito de obsesionarnos con las situaciones desafortunadas y nos resulta difícil apreciar y disfrutar la buena fortuna cuando ésta se nos presenta.

En general, el adiestramiento mental para adoptar cualidades mentales nuevas implica tres pasos. Primero debemos familiarizarnos con las ventajas que trae asumir el hábito nuevo y las desventajas de los hábitos viejos que deseamos abandonar. Luego, debemos comprometernos a realizar autorreflexiones rituales invirtiendo periodos breves y regulares a lo largo del día para familiarizarnos con el nuevo hábito. Finalmente, debemos *interiorizar* la conciencia del nuevo hábito para hacerlo parte de nosotros mismos y que esté presente constantemente. Por ejemplo, si deseamos mejorar nuestra compasión podemos reflexionar sobre cómo adiestrarnos mentalmente de esta forma para ayudarnos a desarrollar fuerza interior, contento y mejorar nuestras relaciones con los demás. De este modo debemos comprometernos diariamente a reflexionar y practicar la compasión siempre que surja la oportunidad. A través de este ejercicio diario, durante un período de meses o años, nuestro corazón se expandirá para que la compasión se convierta en una parte inquebrantable de nuestra vida.

Es factible pensar que entendemos algo si nos parece obvio o si tiene sentido para nosotros fácilmente. Sin embargo, nuestras mentes son como hojas arrastradas por el viento hacia muchas direcciones diferentes por lo que el escuchar o leer algo solo una vez no será suficiente para cambiar nuestra forma de pensar o actuar. Por lo tanto, es crucial reflexionar una y otra vez sobre las enseñanzas que deseamos aplicar a nuestra vida sin importar cuán obvias parezcan al principio. También debemos tener en cuenta que la felicidad se logra de forma paulatina, momento a momento y experiencia a experiencia. No aparecerá repentinamente después de un evento o revelación que cambie la vida.

Sin embargo, si nos enfocamos constantemente en desarrollar cualidades internas entonces la felicidad puede convertirse en una condición primaria, estable y constante. No podemos perder esta condición mientras estemos vivos y nadie nos la puede quitar.

EJERCICIO — REFLEXIONA SOBRE TU DÍA

Reserva unos quince minutos cada mañana y cada noche. En la sesión de la mañana revisa tu actitud antes de comenzar el día. ¿Apreciaste que estabas vivo esta mañana, viviendo en un país donde las condiciones hacen que sea tan fácil vivir en comparación con otros países del tercer mundo? ¿Estás decidido a usar este día sabiamente y practicar la compasión cuanto puedas siendo fiel a tus valores más profundos? En tu trabajo y tus relaciones, ¿estás dispuesto a ser paciente si las cosas no salen como esperas?

Por la noche, reflexiona sobre el día que acaba de pasar. Piensa en las personas con las que hablaste, los lugares que visitaste y las cosas buenas y malas que sucedieron. ¿De qué puedes estar agradecido? Es posible que desees escribir una lista de cinco a diez cosas en un 'diario de gratitud'.

Siéntate con la espalda recta, relaja todos los músculos y respira profundamente unas cuantas veces. Trata de descansar en un sentimiento natural de contento y alegría, pensando en cómo puedes hacer que el día siguiente sea verdaderamente significativo y valioso.

La Edad de la Experiencia

Usualmente, los occidentales son bastante negativos en torno al envejecimiento y muchos ven esta etapa de la vida como el inicio del declive de la salud y muerte eventual. Sin embargo, en muchos sentidos las personas de este grupo de edad están en mejor posición que una persona joven para alcanzar la felicidad. Esto se debe a que a esta edad ya hemos adquirido una cantidad sustancial de experiencia de vida. La mayoría de las personas han logrado cierto grado de sabiduría, o al menos han enfrentado bastantes retos sobre los que podemos reflexionar. Muchas personas han sufrido reveses en sus vidas, particularmente en lo financiero, emocional o en su salud física por lo que han comprendido que la felicidad no puede depender de factores externos sino de cualidades internas. Con este conocimiento nos resultará mucho más fácil cultivar las cualidades internas necesarias que conducen a la felicidad.

Cuando llegamos a esta edad, ya sea que estemos solteros o en pareja, todavía estaremos buscando la felicidad y haciendo todo lo posible por evitar el sufrimiento. He tratado de identificar los problemas comunes que enfrentan las personas de este grupo de edad y trataré de brindarles alguna orientación para cada uno de ellos.

LA VIDA EN SOLTERÍA

Si no estamos casados o en una relación a largo plazo en esta etapa de nuestra vida, ello puede responder a muchas razones. Es probable que hayamos intentado vivir con una o varias parejas, y por alguna razón estas relaciones no funcionaron, o nuestra pareja puede haber muerto. Quizás nunca conocimos a la persona adecuada, o posiblemente nunca quisimos tener una relación. Independientemente del motivo que sea, muchas personas solteras de esta edad se sienten solas y fuera de lugar en un mundo en el que no tener pareja puede considerarse un fracaso.

Si evaluamos esta situación desde un ángulo completamente diferente, ser soltero a esta edad puede entenderse como una oportunidad maravillosa. Hemos experimentado muchas cosas y es posible que hayamos aprendido por experiencia propia que muchas de las actividades a las que dedicamos nuestra vida son, en última instancia, inútiles o carentes de significado. Probablemente el luchar por un objetivo determinado haya sido muy significativo para nosotros en el pasado, aunque a veces hayamos tenido la sensación de que ya esto fue culminado, que aprendimos lo que necesitábamos aprender y que si nos damos la oportunidad surgirá algo más significativo. Este proceso se asemeja a pelar una cebolla capa por capa, para que poco a poco podamos revelar un propósito más profundo.

Con este tipo de sabiduría para guiarnos, y sin pareja, hay muchas oportunidades que se pueden abrir para nosotros. Podemos inscribirnos en la universidad y comenzar un nuevo curso de estudio. Podemos viajar alrededor del mundo, aprender un nuevo idioma, escribir un libro o iniciar un nuevo negocio para servir a nuestra comunidad local. Aunque parezca poco convencional, incluso podríamos ingresar a un monasterio o dedicar nuestra vida a obtener realización espiritual, llevando una vida sencilla que nos permita desarrollar de manera genuina la paz mental. Podemos hacer todas éstas cosas maravillosas y muchas más si no tenemos una pareja o una familia de la cual seamos responsables.

LA VIDA MONÁSTICA

La vida monástica puede parecer una idea poco convencional para muchas personas en el mundo moderno. Después de todo, podemos imaginar una existencia estéril y aburrida, con monjas y monjes enclaustrados lejos del mundo, siguiendo reglas estrictas y sin poder divertirse. Me gustaría hablar un poco sobre la vida monástica budista, ya que esto puede ser bastante distinto de lo que muchas personas esperan. Ciertamente no estoy tratando de vender el budismo como la 'mejor' religión o la 'mejor' forma de vida, sino que simplemente deseo compartir mi propia experiencia con la esperanza de que esto te resulte útil. He vivido como monje budista durante muchos años y por lo tanto puedo contarles sobre esta vida con cierto grado de confianza.

El verdadero objetivo de un monje budista no es tener una vida feliz o placentera, sino más bien su prioridad está en alcanzar la iluminación. De este modo pasamos nuestra vida trabajando para alcanzar un estado de iluminación, lo que con el transcurso del tiempo se manifiesta naturalmente como una vida feliz y pacífica. A menudo veo hombres y mujeres infelices y solitarios en Occidente, y creo que estas personas podrían darse la maravillosa oportunidad de vivir una vida monástica y pacífica.

¿Por qué digo esto? La base de una vida monástica es la renuncia. Cuando fui ordenado como monje budista tenía solo dieciocho años. No había sufrido angustias, dificultades económicas ni desilusiones. Solo había experimentado momentos agradables con amigos y familiares, e incluso me había enamorado, ¡y quería experimentar más de esto! Con ello la vida monástica pudo haber sido dura al principio; no obstante con el poder de la práctica budista pude desarrollar la renuncia. Por otro lado, si ya hemos experimentado un corazón roto y otras decepciones, podemos convertirlo en nuestra ventaja permitiendo que estas experiencias inspiren una renuncia genuina.

¿Qué significa dedicar nuestra vida a alcanzar la iluminación? Fundamentalmente, esta idea se basa en una enseñanza del Buda llamada *Las Cuatro Nobles Verdades*. El Buda no enseñó estas verdades para convertir a la gente al budismo, sino más bien para enseñar a los seres humanos la salida del sufrimiento. Por lo tanto, estas verdades se aplican a todos:

1. La naturaleza de la vida es la insatisfacción y el sufrimiento.

2. El sufrimiento no es aleatorio sino que responde a causas: nuestras emociones negativas, acciones previas negativas, nuestra tendencia hacia el apego y aferrarnos a una idea exagerada de lo que es el 'yo' y el 'otro'.

3. La eliminación del sufrimiento y la conquista de la iluminación es posible.

4. El sendero hacia la iluminación implica la eliminación de las causas del sufrimiento practicando la disciplina, la concentración y la sabiduría, lo que también se conoce como El Noble Sendero Óctuple.[24]

Estas verdades no son meras teorías intelectuales o especulaciones filosóficas, sino que fueron descubiertas a través de la experiencia directa del Buda en la meditación. Muchos otros meditadores y practicantes contemplativos desde la época del Buda también han alcanzado la misma experiencia. De esta forma dichas conclusiones quedaron confirmadas, de la misma manera que un científico repite un experimento una y otra vez para verificar un descubrimiento científico. Más aún, a los recién llegados se les estimula a no aceptar ninguna de estas ideas con fe ciega, sino por el contrario, se les motiva a analizarlas a fondo y probarlas a base de su propia experiencia del mismo modo que se analiza y prueba la pureza del oro.

El propósito de la vida monástica budista es seguir este bien probado sendero en un ambiente que presente pocas distracciones. Ello permite que el individuo lleve una vida simple, enfocando su mente detenidamente en la erradicación de las causas fundamentales del sufrimiento, al igual que el Buda y sus muchos seguidores. Lejos de ser una búsqueda egocéntrica, el objetivo de este tipo de vida es incrementar nuestra fuerza mental desarrollando una mayor capacidad para ayudar a los demás. Solo cuando hayamos comprendido por nosotros mismos cómo podemos superar el sufrimiento, podremos realmente ayudar a otros a hacer lo mismo.

Por lo tanto, a menudo hablamos de la 'iluminación por el bien de los demás', y desde esta perspectiva, buscamos mucho más que nuestro propio beneficio. De esta forma muchos de los grandes maestros espirituales tibetanos de la última generación, como mi propio maestro Lama Lobsang Trinley y el decimosexto gran Karmapa,[25] dedicaron muchos años a cultivar la mente de la iluminación. Ello implicó apartarse del mundo cotidiano durante varios años para participar intensamente en lo que se conoce como la práctica del retiro. Una vez lograron la verdadera realización, su capacidad para trabajar en beneficio de los demás fue extraordinaria. Esto también puede aplicarse a grandes seres de otras tradiciones como Jesucristo.

La vida monástica budista es probablemente bastante similar en todos los países. Sin embargo, como solo he experimentado la vida monástica en el Tíbet esta es la única experiencia que puedo compartir. Lo primero que debemos saber es que, si nuestra motivación es pura, cualquier monasterio nos dará la bienvenida para quedarnos con ellos y permanecer todo el tiempo que deseemos. La segunda cosa es que, si no podemos mantenernos por nosotros mismos usualmente no tenemos la obligación de pagar el alojamiento, la comida u otros gastos. Sin embargo, no estoy abogando por que entremos en un monasterio para escapar de las responsabilidades mundanas. Es fundamental que nuestra motivación sea genuina, y dado que los occidentales suelen ser bastante adinerados comparado con los estándares tibetanos, es natural que seamos generosos y contribuyamos con nuestros gastos si contamos con los recursos necesarios. En tal caso sería un error aprovecharse de la generosidad de un monasterio, y esto solo podría traerr consecuencias negativas.

Conozco a muchas personas que creen que no tienen el nivel de estudios o conocimientos adecuados para unirse a un monasterio a pesar de que esta es una suposición falsa. Como ocurre en cualquier lugar de aprendizaje, los que asisten a un monasterio han alcanzado diversos niveles, desde los monjes o monjas que se distraen fácilmente en su práctica hasta los que han alcanzado un nivel de excelencia. Permanecer en un monasterio budista no significa necesariamente que tengamos que dedicar todo nuestro tiempo al estudio o práctica del budismo. Aunque por lo general estamos obligados a seguir una estricta rutina diaria y mantener una conducta ejemplar, también hay mucho tiempo que podemos utilizar libremente de la manera que mejor se adecúe a nuestros propios intereses y talentos. Por ejemplo, podemos preferir ayudar a mantener las computadoras del monasterio en lugar de estudiar todo el tiempo.

Independientemente del papel que desempeñemos, no existe la posibilidad de que experimentemos soledad o aislamiento. En el idioma tibetano hay una palabra que se puede traducir como 'solitario', aunque la mayoría de las personas no comprenden completamente lo que esto significa ya que no están familiarizadas con esta experiencia. Honestamente, yo mismo no entendí el significado de la soledad o la depresión hasta que llegué a Occidente.

Si estamos considerando una vida monástica, debemos familiarizarnos con las diferentes tradiciones monásticas que existen en el mundo de hoy y preguntarnos qué tipo de estilo de vida se adaptaría mejor a nuestro desarrollo espiritual. Si por ejemplo, hemos sido educados como católicos y tenemos una gran fe en esta tradición quizá nos convenga más unirnos a una orden monástica cristiana. Si deseamos centrarnos de manera más intensa en la práctica de la meditación, la tradición tailandesa forestal del Budismo Theravada o la tradición Zen pueden ser buenas opciones para explorar. Mientras tanto, otras tradiciones ponen más énfasis en las becas o los proyectos comunitarios. Puede ser que nos sintamos atraídos a unirnos a una comunidad monástica en un país extranjero, aunque el tener que aprender un nuevo idioma es una barrera importante. Sin embargo, el aprendizaje ocurre de forma natural una vez que estamos inmersos en un nuevo idioma, y después de varios años, la comunicación rara vez es un problema.

Desafortunadamente, la cultura occidental a menudo desconoce el valor del desarrollo espiritual y los beneficios de apoyarlo, por lo que encontrar un camino auténtico que sea sostenible financieramente puede ser difícil. Otra opción es formar parte de un grupo o comunidad laica. Hoy en día varias organizaciones dan apoyo a las personas que desean recorrer este camino. En lugar de vestir túnica y acatar los preceptos de un monje o monja ordenados viven una 'vida externa' similar a las demás personas comprometidas con la disciplina del trabajo y la vida familiar, pero su vida interna es diferente. Estos eligen simplificar sus vidas para hacer espacio para la práctica de la meditación, el estudio de las enseñanzas espirituales y el compromiso de incorporar estas enseñanzas en todos los aspectos de sus vidas. También pueden decidir reservar tiempo para períodos regulares de retiro.

Sin embargo, debemos recordar que la búsqueda de un 'sendero auténtico' no es algo que deba emprenderse a la ligera. Hay muchos 'maestros espirituales' que prometen grandes cosas, pero un análisis cuidadoso demuestra que sus enseñanzas carecen de autenticidad, están inmiscuidos en controversias, o hay un elemento de comportamiento grupal similar a un culto. La tarea de encontrar un camino adecuado y eficaz requiere una gran habilidad y discernimiento,[26] una reflexión cuidadosa sobre nuestra propia motivación, y una honestidad brutal. También debemos ser conscientes de nuestra tendencia a apegarnos a conceptos espirituales o a ciertas expectativas que pueden distraernos del emprender una vida espiritual adecuadamente o de encontrar un sendero espiritual auténtico.

No hay garantía de que no encontremos dificultades y malentendidos, incluso cuando nos hayamos comprometido con un sendero en particular. Por ejemplo, podemos encontrarnos con personas que nos dan consejos confusos o inútiles, o podemos desanimarnos cuando quienes nos rodean no practican lo que predican. En esta situación, es crucial seguir verificando que nuestra motivación sea genuina y seguir confiando en nuestro propio sentido común y buen juicio, en lugar de una fe ciega. Si un camino claramente no nos conviene o no nos beneficia, deberíamos tener el valor de irnos, con tacto y gracia. Debemos evitar ser demasiado críticos o buscar cualquier forma de retribución, ya que en última instancia, podemos hacernos daño. Si nuestra motivación es pura y auténtica, y nos hemos esforzado por estudiar enseñanzas genuinas, es solo cuestión de tiempo antes de encontrar un maestro auténtico.

LA VIDA COMO PERSONA LAICA

Muchas personas piensan o incluso sueñan con renunciar al mundo y entrar en un monasterio, pero sienten frecuentemente que tienen responsabilidades a las que simplemente no pueden renunciar, por ejemplo con padres de edad avanzada o hijos. Sin embargo, si el sentido de renuncia de una persona es fuerte y genuina, es posible que aún pueda abandonar sus posesiones, carrera y familia para entrar más plenamente en una vida espiritual. Este fue a menudo el caso de los monjes budistas más excepcionales y también del propio Buda que sacrificó su vida de lujo, su posición de heredero al trono, su esposa y su nuevo hijo, para alcanzar la iluminación. Entonces, si la inclinación hacia la vida monástica es lo suficientemente fuerte, ¡mi consejo es que definitivamente debes hacerlo!

Sin embargo, esto no significa que debamos dedicar nuestra vida al logro espiritual para ser felices. Si no podemos relacionarnos con esta idea, entonces tenemos la opción de buscar una nueva pareja o permanecer solteros. Según mencionado previamente, la vida en solitario ofrece muchas ventajas, con muchas oportunidades para estudiar, viajar, conocer gente y explorar diferentes intereses. Muchas puertas están abiertas y ciertamente no tenemos por qué estar solos. Al participar en grupos u organizaciones locales, podemos sentirnos parte de una comunidad y encontrar compañía y amistad. Sin embargo, si nos contentamos con llevar una vida sencilla y pacífica, no necesitamos necesariamente metas o actividades para mantenernos ocupados. Aunque estemos solos, nunca lo estaremos si encontramos verdadera satisfacción en nuestro interior.

¿Qué pasa si siempre quisimos casarnos pero nunca encontramos a la persona adecuada? Desde el punto de vista tradicional oriental, puede que a esta edad hayamos 'perdido el barco', pero hoy en día la gente se casa en todas las etapas de la vida y la edad no importa mucho. Teniendo una perspectiva más sabia, madura, y con muchas experiencias de vida en nuestro haber, es probable que tomemos decisiones más sabias cuando se trate de relaciones. Aún así, también se presentan inconvenientes. Por ejemplo, un hombre mayor que se casa con una mujer joven, puede sentirse inseguro y celoso de los hombres más jóvenes. Lo más importante que debemos recordar es que, ya sea que nos casemos jóvenes o mayores, o incluso si esto no acontece, nunca podremos decir cuál es el mejor destino y qué camino nos traerá la mayor felicidad. Las condiciones que traen la felicidad se cultivan en el interior y no deben depender de si tenemos pareja o no.

ENTRAR EN UNA NUEVA RELACIÓN

Si decidimos buscar pareja a esta edad tendremos mucha experiencia de vida que aportar a la relación. Es posible que hayamos tenido previamente una o más relaciones que terminaron por un sinnúmero de razones. Independientemente de las condiciones o circunstancias que condujeron al final de las mismas, fuera de la muerte, la causa fundamental es casi siempre la falta de amor incondicional y de compasión. El amor y la compasión genuinos no disminuirán con el tiempo, al contrario, es probable que se profundicen con los años. Otras formas de amor se basan más en la atracción y las emociones efímeras, lo que inevitablemente disminuye con el tiempo , debido a la falta de sabiduría y compasión.

Debemos reflexionar sobre nuestras relaciones previas y cuestionar los cimientos en las que se edificaron. ¿Se basaron en el cuidado, la comprensión, la compasión y el respeto, o en necesidades egocéntricas y atracción ciega? Podemos usar esta sabiduría para asentar una base sólida para una nueva relación. Esencialmente debemos comprobar si tenemos la capacidad de ser generosos, pacientes, reflexivos y compasivos, o al menos reconocer su importancia. Estas cualidades internas nos preparan efectivamente para una nueva y feliz relación. De lo contrario, podríamos volver a caer en viejos hábitos y repetir los errores de nuestro pasado.

MANTENER UNA RELACIÓN

Aunque este no es un libro religioso, me gustaría mencionar un texto budista específico conocido como Sigalovada Sutta,[27] que ofrece una sabiduría simple y práctica sobre cómo un esposo y una esposa deben tratarse el uno al otro. Básicamente, el escrito aconseja al esposo que sea cortés, fiel y respetuoso con su esposa y que satisfaga sus necesidades, mientras que una esposa debe ser fiel a su esposo y proteger su propiedad.

Este texto, por supuesto, se remonta a la antigüedad y asume que el marido es el principal proveedor de ingresos. La situación hoy en día es un poco más complicada, ya que a menudo tanto el marido como la mujer tienen un trabajo. Si bien pueden negociar quién deberá asumir la mayor parte de las tareas del hogar y quién deberá ser la principal fuente de ingresos, los puntos esenciales para mantener una relación es el respeto mutuo, ser fieles y ocuparse de las necesidades del otro, Estos siguen siendo relevantes hasta el día de hoy.

También creo que es importante que las mujeres y los hombres exploren las diferencias básicas entre sus géneros. Es de conocimiento común en la psicología occidental que los hombres y las mujeres ven el mundo de maneras sutilmente diferentes.[28] Por ejemplo, los hombres generalmente se sienten más impulsados por un sentido de dirección y propósito, mientras que las mujeres se mueven por su deseo de compartir amor y energía con los demás. Cuando se enfrentan a un problema, los hombres pueden inclinarse a retirarse o buscar un 'descanso' hasta que encuentren una solución, mientras que las mujeres prefieren hablar sobre los problemas, incluso si esto no los resuelve. Mis propias experiencias también me han enseñado que la mayoría de las mujeres son mejores en la realización simultánea de muchas tareas. Tomar conciencia de este tipo de diferencias puede ayudar a cada pareja a reconocer las fortalezas y limitaciones del otro para dividir las responsabilidades del hogar adecuadamente.

No importa qué tan bien comprendamos o no las diferencias entre hombres y mujeres, aún necesitamos comprender la personalidad y la naturaleza específica de nuestra pareja, lo que requiere una comunicación buena y abierta. Es muy fácil malinterpretar el comportamiento de nuestro cónyuge, y para evitar caer en esta trampa, es importante poder compartir abiertamente, con intención pura, el por qué podría estar actuando de una manera en particular. Cualquier conflicto será más fácil de resolver si tenemos una base sólida de buena voluntad hacia nuestra pareja, y especialmente, si ambos ven el conflicto como una oportunidad para aprender y crecer juntos.

Esto nos lleva nuevamente a la importancia del amor incondicional o genuino en cualquier matrimonio o pareja. Tener amor puro por alguien es querer su felicidad por encima de la nuestra. Muchas personas dicen que aman a una persona con todo su corazón y luego se sienten devastadas cuando su pareja decide terminar la relación. Pueden comenzar a decir que odian a su ex pareja carcomidos por los celos o el resentimiento. Este es un ejemplo de amor posesivo en lugar de amor genuino. Por otro lado, si nuestro amor por ellos es puro, incluso deberíamos estar felices cuando nos dejan por otra persona si esto los hace más felices. Siempre que hablo sobre este punto en las charlas públicas, mucha gente se sorprende y se niega a estar de acuerdo conmigo. Sin embargo, el amor genuino por otro ser humano significa que realmente queremos lo mejor para ellos, independientemente del efecto que esto tenga en nosotros. Quizás podamos pensar que este tipo de actitud es perjudicial y auto derrotista, sin embargo el amar a otra persona con una motivación pura definitivamente fortalecerá la relación. Al cultivar esta cualidad, nuestra mente se abrirá a la verdadera felicidad.

FOMENTANDO QUE TUS HIJOS SEAN MEJORES QUE TÚ

Con raras excepciones, todo el mundo quiere a sus hijos a pesar de que frecuentemente los padres carezcan de los conocimientos necesarios para formarlos eficientemente. Lamentablemente, hay algunos padres que descuidan las necesidades físicas y emocionales básicas de sus hijos. En el otro extremo, algunos padres complacen todos los deseos de sus hijos. A menudo he escuchado a personas decirme cuánto aman a sus hijos, ¡tanto, que no pueden decirles que no y les dan todo lo que quieren!

Aunque estos padres intentan ser amables, lo que realmente hacen es dañar a sus hijos. El niño al que se le da todo frecuentemente crece esperando que la vida sea fácil y que puede lograr cualquier cosa que deseen inmediatamente. Cuando éstos son confrontados con las realidades de la vida, particularmente ante la decepción y el fracaso, tendrán dificultad ajustándose por no haberse educado en la paciencia y en la perseverancia. Los padres no deberían sorprenderse demasiado con ello. Después de todo, no se puede cultivar una planta en un invernadero para luego sacarla al exterior bajo una tormenta de invierno, y asombrarse de que no sobreviva. Por lo tanto es crucial establecer límites firmes enseñándoles cómo sobrevivir las dificultades, mientras que al mismo tiempo les damos amor y compasión genuinos.

El establecer límites consistentes tales como no ver televisión o quedarse a dormir con los amigos y apoyar en los quehaceres del hogar, no solo les enseña a nuestros hijos que la vida no siempre es fácil, sino que les proporciona una estructura o ritmo que les ayuda a sentirse seguros. Cuando nuestros hijos no tienen que lidiar con el cambio y la incertidumbre continuamente, pueden desarrollar una buena conducta ética

— no porque se vean obligados a hacerlo —, sino porque aprenden a ver el beneficio de tener una rutina buena y disciplinada. Esto también se convierte en una base para la creatividad, la confianza y la bondad en presencia de los demás.

La disciplina firme, estableciendo límites, también son cruciales si queremos mantener a nuestros hijos en un sendero medio o balanceado. No se les debe permitir que se salgan con la suya en todo lo que quieran, y tampoco se les debe presionar para que cumplan con expectativas demasiado altas. Además, a la hora de preparar a nuestros hijos para el futuro no debemos hablarles solamente del dinero que les hemos reservado, o de la casa que les compraremos. Ciertamente esta ayuda material les será útil, pero de mayor importancia será invertir en el desarrollo mental y emocional de nuestros niños.

Por lo tanto, debemos recordar las condiciones fundamentales de la felicidad y enseñarlas a nuestros hijos especialmente las que se relacionan con la autoestima, la compasión, el autocontrol y la fortaleza de carácter. Al enseñarles sabiduría y compasión a través de la narración de historias, la conversación, y el ejemplo de nuestras propias acciones, los prepararemos de la mejor manera posible para su felicidad futura, al igual que para su éxito.

Ciertamente es importante que a lo largo de toda la niñez,[29] les enseñemos estas cualidades preferiblemente por la vía del ejemplo. En los primeros cuatro años de vida los niños son extremadamente sensibles al entorno emocional en el que crecen, en consecuencia, lo más importante es mostrarles un amor completo e incondicional. Debemos intentar hacerles sentir que son realmente especiales, colmándolos de un profundo sentido de autoestima. Durante los años de la escuela primaria, debemos señalar y apoyar la creatividad de nuestros hijos, el trabajo arduo, y la ayuda a los demás, alentando así el florecimiento de todas estas cualidades. Luego durante su adolescencia, podemos ayudarlos a que se sientan como personas valiosas que aportan al bienestar de la raza humana, sabiendo que sus vidas tienen sentido pase lo que pase. Educar a un adolescente nunca es fácil, ya que estamos divididos entre querer hacer lo mejor por ellos y aprender a confiar en que encontrarán su propio camino. Aprender a amarlos incondicionalmente, independientemente de las decisiones que tomen, ciertamente puede ser un gran desafío.

Por último, una de las lecciones más importantes a enseñar a nuestros hijos son las consecuencias dañinas del uso de drogas, tabaco y alcohol. Algunos padres piensan que debido a que fumaron o experimentaron con drogas en su juventud, no tienen derecho a instruir a sus hijos para que no hagan lo mismo. Esto no es verdad, con tu experiencia podrás enseñar a tus hijos de manera más efectiva para tratar de hacerlos mejores de lo que eres tú. Aún así recuerda que si tienes dificultades para controlar el comportamiento de tu hijo o hija, nunca estás solo y siempre hay ayuda disponible.

LOS PADRES Y LA OPORTUNIDAD DE MOSTRAR GRATITUD

En esta etapa de nuestra vida es muy probable que la salud de nuestros padres esté quebrantada o que incluso ya no estén vivos. Si se encuentran en mal estado de salud, es probable que exijan mucho de nuestro tiempo y recursos. Es posible que nos llamen para llevarlos a las citas médicas, para ayudar con tareas que ya no pueden hacer, o incluso pueden desear mudarse con nosotros para que podamos cuidarlos mejor.

En el Tíbet, se espera que los niños cuiden a sus padres en su propia casa cuando tengan una edad avanzada. Aunque en Occidente la cultura es diferente, sigue siendo importante tratar a nuestros padres de la mejor manera posible. Con raras excepciones, éstos han sido inmensamente amables con nosotros y es natural que deseemos devolverles esta amabilidad. Recuerda también que nuestros hijos aprenderán de nuestro ejemplo en torno a cómo se debe tratar a los padres. Sí ofrecemos un buen ejemplo al cuidar a nuestros padres con amabilidad y compasión, es más probable que nuestros hijos hagan lo mismo por nosotros.

Quienes no han tenido una buena relación con sus padres pueden experimentar una gran angustia cuando éstos envejecen y requieren de nuestra ayuda. Quizás sentimos que nuestros padres nunca se preocuparon realmente por nosotros, o tal vez eran alcohólicos o drogadictos. Acaso no nos prestaron atención suficiente o no nos proporcionaron una buena educación, o apoyo financiero. Ya sea que hayan cometido errores o no con nuestra educación, sigue siendo natural que los padres deseen que sus hijos tengan una vida feliz. Podemos entender esto cuando reflexionamos sobre nuestros sentimientos hacia nuestros propios hijos.

Desde que estoy en Occidente me he encontrado con muchas personas que no están contentas con sus propias vidas y responsabilizan a sus padres por ello. Atribuyen su incapacidad para tener una vida exitosa al hecho de que sus padres no les ofrecieron el cuidado necesario. Este punto de vista se apoya en algunas ramas de la psicología que dicen que los rasgos negativos de la personalidad están fuertemente influenciados por la educación y son muy difíciles de cambiar. Desde el punto de vista budista, esto no es del todo cierto. No todos los resultados de la vida son efectos de nuestras experiencias infantiles. Más bien, llevamos dentro de nosotros las semillas de nuestro destino. Aunque podemos sentirnos 'estancados' con hábitos que podemos rastrear hasta ciertos eventos de la infancia, aún podemos aprender a aceptar nuestra situación y perdonar a aquellos a quienes podamos culpar.

Asumamos, por un momento, que nuestros padres son *los responsables* de los fracasos de nuestra vida. Aún si este fuera el caso, el sentir enojo, odio o decepción contra ellos nada nos aporta, ya que estas emociones negativas solo nos hacen daño. Cuando nos damos cuenta de que el aferrarse al enojo no logra absolutamente nada, podemos aprender a aceptar compasivamente la travesía experimentada, avanzando la dirección de nuestras metas y sueños. En lugar de albergar enojo, recuerda que la gratitud es una de las condiciones esenciales para la felicidad. Naturalmente, sentiremos gratitud una vez superada nuestra ira, porque la verdad es que los padres aman y cuidan mucho a sus hijos a pesar de sus imperfecciones. Al sentirnos agradecidos con nuestros padres por habernos cuidado, cultivamos la felicidad y la libertad interior.

TRABAJOS INSATISFACTORIOS Y LAS TRAMPAS DEL MATERIALISMO

Muchas personas con las que he hablado parecen descontentas con su trabajo. Me dicen que están constantemente apresuradas y estresadas, que no les agradan las personas con las que trabajan o que desearían dejar de trabajar. Aunque no hay respuestas fáciles, creo que puede ser útil que analicemos profundamente cuál es nuestra motivación para dedicarnos particularmente a nuestro campo de trabajo. ¿Estamos motivados por el deseo de ayudar a las personas o de hacer algo que realmente disfrutamos o encontramos significativo? ¿O simplemente nos esforzamos por avanzar y ganar mucho dinero o alcanzar un estatus superior? ¿Es el trabajo simplemente una tarea más que una pasión, poco más que algo para pagar las cuentas, alimentar a nuestra familia, o apoyar otros intereses?

Si percibimos nuestro trabajo como un 'llamado' o un medio para compartir nuestros talentos únicos con el mundo, probablemente derivaremos una gran satisfacción en el mismo. Si por el contrario, lo que nos impulsa es el deseo de construir una casa más grande o de conseguir esa preciada promoción, nuestro trabajo puede convertirse en una obsesión ya que lo que estimula es el deseo de escalar hacia puestos más importantes. Aún cuando podamos disfrutar de esto, los otros aspectos de nuestra vida sufrirán. Frecuentemente, el resultado suele ser el estrés o incluso ell sentirnos abacorados ya que todo lo que sube tiene que bajar. Por otro lado, si nuestro trabajo representa solo un poquito más que una tarea u obligación, tampoco será probable que encontremos una satisfacción verdadera. Encontrar aquello que realmente corresponda con nuestro propósito más profundo puede requerir un gran esfuerzo de búsqueda interior.

También debemos ser conscientes de que la satisfacción laboral no depende del tipo de trabajo que hagamos.[30] Por ejemplo, trabajar en el área de limpieza puede tener un gran significado para nosotros particularmente cuando pensamos que todos la aprecian, y por ende, estamos haciendo una contribución a la vida de los demás. Por el contrario, podemos trabajar como médicos y sentirnos frustrados o aburridos porque nuestros pacientes nunca dejan de quejarse y no estamos ganando suficiente dinero.

Si realmente no nos gusta nuestro trabajo, debemos reconsiderar seriamente por qué lo estamos haciendo. Si es solo para ganar dinero y mantener así un estilo de vida holgado, entonces tendrá sentido simplificar nuestra vida, reducir nuestro deseo de riqueza material y optar por menos horas de trabajo. Todos tendemos a pensar que adquirir más posesiones nos hará más felices, pero rara vez concebimos que ello es igual a intentar saciar la sed tomando agua salada. Luego de beber el agua salada nos sentimos aún más sedientos. De igual forma, nos sentiremos cada vez más insatisfechos si solamente buscamos la felicidad fuera de nosotros mismos. Una vez un amigo que trabajaba como ingeniero me dijo que no estaba contento porque todos sus colegas ganaban más que él. Mencioné que no importa cuánto le paguen, siempre alguien ganará más. No es fácil estar contento con nuestra suerte en la vida, aún así solo puedo desear que más personas puedan saborear la libertad interior y la paz mental que trae esta actitud.

Carecer de una buena o genuina motivación puede ser, sin duda, una de las razones por las que nos sentimos infelices en el trabajo. De igual modo, otra razón puede fundamentarse en que carezcamos de ambición o enfoque. Los asiáticos ocasionalmente pueden trabajar más de catorce horas al día con el objetivo de pagar rápidamente la hipoteca de una casa nueva. Su motivación no es necesariamente buena ya que sus vidas pueden carecer de equilibrio, pero en general son felices porque han adiestrado sus mentes para tener un alto nivel de concentración y compromiso. Están contentos con bajar la cabeza y simplemente hacer el trabajo en lugar de preocuparse por las vacaciones, las condiciones laborales u otras expectativas. Simplemente están demasiado ocupados para estar tristes o deprimidos.

Desde el punto de vista occidental, este tipo de ética laboral puede parecer desequilibrada y hasta cierto punto esto también es cierto. Aún así debemos recordar que la ambición, la determinación y la concentración son causas indirectas de cierto nivel de felicidad y por lo tanto tienen algún valor. No obstante, necesitamos una visión más equilibrada para alcanzar niveles de felicidad superiores.

LA LIBERTAD, EL SUFRIMIENTO Y LA IMPERMANENCIA

En el budismo hablamos mucho sobre la libertad del sufrimiento. Sin embargo esta idea a menudo se malinterpreta, particularmente en el mundo moderno. Hay varios tipos distintos de libertad. La primera es la libertad exterior, como la libertad de expresión y la libertad de vivir sin miedo a la persecución. Este tipo de libertad falta en muchos lugares del mundo. Casi todos los países occidentales son muy afortunados de tener este tipo de libertad, aunque es raro que se le aprecie realmente.

El segundo tipo de libertad es la libertad individual, muy valorada por muchas personas en el Occidente posmoderno. Con este tipo de libertad pensamos que tenemos 'derecho a hacer esto o el derecho a ser dueño de aquello'. Por lo tanto, nos enorgullecemos de la idea de una total libertad de comportamiento individual o autonomía.

Aunque es importante tomar nuestras propias decisiones en cuanto a cómo vivimos y actuamos, realmente esto no es una verdadera libertad. Con frecuencia este tipo de actitud hace que nos enfoquemos principalmente en nuestro propio bienestar creando consecuentemente distancia entre nosotros y los demás, por ejemplo, entre nuestros amigos o vecinos.. Incluso podemos evadir a los demás por completo, o no serles responsivos por estar muy preocupados de 'respetar su libertad'. De este modo, si un joven elige comenzar a fumar o actuar de una manera que claramente le está causando daño podemos simplemente pensar que 'está bien, ya que es libre de actuar de esta manera si así lo desea'. Esta no es la libertad verdadera, sino más bien una actitud inútil que eventualmente conducirá a la soledad. Este es un problema común en el mundo moderno y algo sobre lo que todos debemos reflexionar seriamente.

De lo que quizá no nos damos cuenta es que la falsa libertad puede ser muy difícil de reconocer en Occidente, ya que se deriva de siglos de habituación cultural. En los países asiáticos por ejemplo, las personas pueden pelear entre sí y en general resolver conflictos que incluso resulten en un mayor acercamiento. Por el contrario, al evitar conflictos bajo el pretexto de respetar los derechos de los demás, es fácil que nos distanciemos y nos volvamos menos conscientes de su bienestar.

Aún así la libertad verdadera es vital para la felicidad. Esto no significa poder hacer lo que queramos cuando nos plazca, sino más bien controlar nuestras emociones y deseos para decidir cómo reaccionar ante cualquier situación, y elegir cómo vivir nuestra vida sin dejarnos llevar por el conflicto emocional. Desde una perspectiva budista, esto significa que nos liberamos del karma o de la fuerza de nuestros hábitos y acciones pasadas. Si estamos libres del karma, no importa en qué situación nos encontremos, no estamos controlados por nuestros hábitos y emociones. Entonces somos verdaderamente libres.

Incluso si no somos budistas, el poder controlar nuestros pensamientos y emociones nos aporta una gran libertad. Como dije anteriormente, los eventos externos no determinan cuán felices somos sino el cómo reaccionamos ante ellos. Nuestros pensamientos y emociones juegan un papel tan importante en determinar nuestro nivel de felicidad, que lograr incluso un poco de control sobre ellos es extremadamente valioso.

En la medida en que envejecemos ganamos más experiencias en la vida, sean éstas buenas o malas en su naturaleza. Cuando llegamos a esta etapa es probable que hayamos experimentado el sufrimiento de alguna forma, quizás a través de la muerte de un ser querido o por el final de una relación. A estas alturas ya sabemos que a pesar de la mejor atención médica, la mejor póliza de seguro y todo el mejor esfuerzo del mundo, nunca podremos detener la muerte, la enfermedad, el envejecimiento o tantas otras cosas que traen sufrimiento. La naturaleza de la vida es la impermanencia, todo cambia constantemente ya sea para bien o para mal.

Si nos aferramos con fuerza a nuestros sentimientos y a las personas que nos rodean, creamos un mundo basado en el sufrimiento propio y ajeno. Esto es lo que el Buda realizó hace tantos años atrás. Algunas personas se deprimen mucho cuando se dan cuenta, y piensan que dado que la naturaleza de la vida es sufrimiento "¿cuál es el punto? Me rendiré ahora".

Sin embargo, el Buda nos mostró que hay una manera de liberarnos del ciclo del sufrimiento al soltar nuestros apegos. Esto aplica tanto a las circunstancias y emociones negativas, semejantes al odio o la ira, así como a las circunstancias y emociones agradables que nos traen placer, tal como el amor romántico. Necesitamos darnos cuenta de que todo esto va y viene. Aunque todavía podamos disfrutar de emociones placenteras el aferrarnos a ellas con demasiada fuerza nos traerá sufrimiento tan pronto las circunstancias cambien nuevamente. Al contrario, debemos aspirar a lograr la libertad que proviene de una mente pacífica, feliz y compasiva, no impulsada de esta o aquella manera por los caprichos de las emociones y los deseos.

Ejercicio - APRENDER DE LA EXPERIENCIA DE LA VIDA

A estas alturas ya hemos acumulado mucha experiencia en el sendero de la vida, de modo que podemos aprender bastantes lecciones valiosas al reflexionar detenidamente en lo que esta nos ha enseñado. Incluso esto puede ocasionar que re-evaluemos algunas de nuestras prioridades.

Primero, recuerda a una persona con la que tuviste una relación en el pasado. Esta no tiene que ser necesariamente una pareja, puede ser un amigo, un padre o quizás un compañero de trabajo. ¿Cuál fue tu motivación para estar en la relación? ¿Funcionó como esperabas? ¿Qué tan exitosa fue la superación de las dificultades? ¿Qué tan abierta fue tu comunicación? Quizás, si hubo un período de gran dificultad, puedes escribir lo que recuerdas. Esto puede ayudarte a aceptar el pasado y seguir adelante.

Luego, recuerda un trabajo que hayas tenido en el pasado y hazte preguntas similares. ¿Cuál fue tu motivación para hacer este tipo de trabajo? ¿Qué más aprendiste de tus experiencias?

Ahora observa tu situación actual. Pregúntate: "¿cómo puedo aplicar las lecciones que he aprendido? ¿Cómo puedo vivir mi vida de la manera más sabia posible?"

Siéntate erguido con la columna recta y las manos en el regazo, tensando el cuerpo y luego relajándolo por completo. Pregúntate honestamente, si hay algo que quieras cambiar en esta etapa de tu vida y, luego piensa en cómo puedes hacer que esto suceda.

La Etapa de la Sabiduría

Este periodo, la quinta etapa de la vida, se caracteriza por grandes diferencias en las condiciones que las personas enfrentan. Sin embargo, si esta etapa de la vida es alegre o no, depende de cómo veamos la vida y cuán amplias o limitadas sean nuestras percepciones. Es un momento en el que ya completamos muchas de nuestras obligaciones y hemos asumido los retos enfrentados a lo largo de la vida. Para algunos las condiciones externas permiten un nuevo comienzo. Ya pueden retirarse de su trabajo finalmente, optar por viajar por el mundo, o pasar más tiempo con sus seres queridos. Para otros, esta etapa puede estar marcada por la pérdida, ya sea de un cónyuge, de un rol en la sociedad después de jubilarse del trabajo o de la buena salud. Sin embargo, independientemente de nuestra situación, a esta edad estamos entrando en una etapa de la vida en la que la autorreflexión y el encontrar un sentido a nuestra existencia es importante. Al hacerlo, podemos aprender a ver que cualquier tipo de pérdida puede, de hecho, ser una oportunidad para el crecimiento espiritual y entendimiento.

La naturaleza humana otorga un gran valor a los logros, a la competencia y a la adquisición de objetos materiales, convirtiéndose en nuestro aliciente para esforzarnos en obtener muchas de estas cosas a lo largo de nuestra vida. Probablemente, hemos trabajado duro para ganar dinero, adquirir una casa y otras posesiones, educar a nuestros hijos, mantener una carrera exitosa y ganar el reconocimiento de los demás. Incluso a esta edad, muchas personas continúan luchando por conseguir logros personales adicionales. Piensa cuidadosamente en la vida que hemos construido para nosotros mismos. ¿Las cosas por las que hemos trabajado tan duro parecen realmente significativas? ¿Nuestra *vida* nos parece significativa? ¿Hemos desarrollado seguridad interior? Piensa en lo anterior bajo el contexto del envejecimiento. Aunque hayamos trabajado duro y logrado muchas cosas, durante todo este tiempo, nuestro cuerpo ha ido envejeciendo lenta e inexorablemente. A esta edad nos daremos cuenta de que ya no podemos negar la inevitabilidad de la muerte no importa lo que hagamos. No hay forma de escapar de ella ¿Sigue teniendo sentido continuar viviendo nuestra vida de la misma manera? ¿O quizá es hora de hacer algunos cambios y establecer nuevas prioridades?

Creo que la mayoría de las personas se darán cuenta de que al envejecer las cosas con que llenaron sus vidas ya no tienen el mismo sentido. Sin embargo, esto no tiene que ser fuente de pensamientos deprimentes ni de horas interminables lamentando cómo hemos gastado nuestro tiempo y energía. Mejor aún, podemos utilizar esta realización como una oportunidad para cortar nuestro apego hacia muchas de las cosas que ya no consideramos importantes desarrollando el caudal de la satisfacción interior. Esto puede abrir un mundo completamente nuevo dándonos la oportunidad de prestar más atención a nuestra mente.

Ciertamente no es demasiado tarde para desarrollar nuestra mente tampoco necesitamos convertirnos en monjes o monjas, ni pasar horas meditando todos los días para lograrlo. En esta etapa de la vida, como en cualquier otra etapa, lo más importante es reflexionar sobre las acciones y actitudes asumidas en nuestra vida cotidiana. Descubriremos que hay muchas cosas sencillas que podemos implementar para desarrollar nuestras cualidades internas y promover nuestra felicidad, sin importar cuán buena o mala pueda ser nuestra calidad de vida.

La pérdida y la impermanencia

Según mencionado previamente, muchas personas ven esta etapa como el inicio de un proceso de debilitamiento que culmina en la pérdida eventual de aquello que consideramos importante. Es fácil que nos engañemos creyendo que podemos controlar al mundo que nos rodea descansando en una buena atención médica o pólizas de seguro si las cosas van mal, pero simplemente nada de ello es cierto. A pesar de que desde el momento en que nacemos nos vamos acercando a la muerte, ello solamente nos queda claro cuando enfrentamos nuestra propia mortalidad, lo que a veces puede resultar en una gran conmoción. También nos damos cuenta de que la hora de la muerte no es predecible, por lo que aunque seamos adolescentes o de noventa años, nadie podrá asegurarnos que viviremos para ver otro año.

El sufrimiento mental puede resultar de cualquier tipo de pérdida, ya sea de un ser querido, de un trabajo, del estatus o de la salud. Todas estas pérdidas pueden causarnos un gran sufrimiento si no las vemos de manera realista, solo entonces tendremos una opción. Podemos sufrir descontroladamente cuando nuestras condiciones cambien y nuestros seres queridos mueran, o podemos aprender a aceptar que todo es impermanente, que la vejez, la enfermedad y la muerte son solo una parte natural de la vida,[31] y no una conspiración en contra nuestra. Así nos damos cuenta de que el apegarnos fuertemente a cualquier cosa solo conducirá al sufrimiento inevitablemente. Al reconocer la impermanencia, podemos desarrollar una completa y nueva perspectiva de vida que nos prepare para asumir la pérdida, sosteniendo un estado mental feliz y pacífico independientemente de cuáles sean nuestras condiciones externas.

LA MUERTE DE UN CÓNYUGE

Para muchos la muerte de un esposo o esposa es el evento más devastador que puede ocurrir en sus vidas. Aunque nunca me he casado, comparativamente creo que comprendo algo de la magnitud de esta pérdida. En mi juventud perdí a mi padre y a mi hermano. En la cultura tibetana los lazos entre un padre y su hijo, o entre dos hermanos, son casi tan fuertes como el vínculo entre marido y mujer. Por tanto, me gustaría hablar brevemente sobre cómo podemos afrontar una pérdida de tal importancia.

Cuando muere un ser querido, debemos trascender nuestro propio y limitado punto de vista. A pesar de que la muerte de alguien cercano y el sufrimiento que ello nos causa es un evento monumental, la muerte de cada ser es parte inevitable del gran esquema de nuestras vidas. Si bien hoy es nuestra esposa la que ha fallecido, mañana puede ser la esposa de nuestro amigo o el hijo de nuestro vecino. A pesar de que ante la muerte de un ser amado puede que nos arrope un estado de incredulidad y conmoción si reflexionamos profundamente, entenderemos que todos en algún momento nos veremos afectados por la muerte de alguien cercano.

Normalmente sufrimos mucho porque comparamos nuestras circunstancias con las de otras personas que creemos que son mucho más afortunadas que nosotros. Sin embargo, la única diferencia estriba en el momento en que el infortunio nos sobreviene. Si ponderamos cuidadosamente sobre esta realidad, aplacaremos nuestra tristeza ya que podemos trascender el natural instinto de comparar nuestro dilema con el de otros. Un enfoque aún más poderoso es generar compasión. Cuando comprendemos realmente que todos soportamos las mismas dificultades y problemas sujetos a experimentar dolor y pérdida en algún momento de nuestras vidas, nuestro dolor disminuirá gracias a la adopción de esta perspectiva mucho más amplia.

La muerte de alguien cercano a nosotros nos afectará más que la muerte de un extraño ya que es natural que sostengamos sentimientos estrechos con nuestra familia. En última instancia tenemos que recordar que la muerte afectará a todo ser vivo, por lo que al asumirlo genuinamente, la muerte no nos sorprenderá tanto. Una historia de la vida de Buda ilustra este punto:[32]

Una vez hab'ia una mujer joven cuyo primer hijo se enfermó y murió cuando apenas tenía alrededor de un año. Totalmente afligida, la mujer rogaba a cualquiera que encontrara que le dieran una medicina que restituyese la vida del niño. Se le dijo que la única persona que podía realizar este milagro era el Buda. Cuando finalmente conoció al Buda y le contó su historia, él le pidió que trajera una semilla de mostaza de cualquier casa de su aldea en la que nunca hubiese ocurrido una muerte. No transcurrió demasiado tiempo antes de que la mujer se diera cuenta de que la tarea que el Buda le había encomendado no podía cumplirse. En todos los hogares se había experimentado la muerte, no solo una vez, sino en algunas de ellas innumerables veces. Así que finalmente la joven se despidió de su hijo por última vez y regresó ante el Buda sin la semilla de mostaza. Ella había aprendido su lección. No solo ella había sufrido a manos de la muerte, sino que la muerte les sucede a todos ya que es una parte natural de la vida.

La idea budista de la reencarnación también puede ser útil al manejar el dolor de la pérdida, ya que no existe tal cosa como una muerte *total*. Con esto no quiero decir que nuestros seres amados fallecidos estarán siempre con nosotros cuidándonos según la impresión que nos ofrecen los clarividentes en la televisión. Tal concepto es limitado ya que puede dar la impresión de que solo estamos conectados con la misma familia o antepasados en lugar de reconocer el vasto y siempre cambiante ciclo de la vida en el que estamos inmersos.

Al decir que no existe la muerte total me refiero a la idea de que cada ser pasa por una serie interminable de vidas. De la misma forma en que el contínuo físico que llamamos Universo permanece a través del tiempo, así mismo permanece el contínuo mental de todos los seres. De igual forma una flor pasa por muchas encarnaciones cuando muere y de sus semillas nace una nueva flor, así mismo podemos hablar de nuestro propio continuo mental. Cuando morimos el cuerpo físico burdo y la mente burda dejan de existir. Sin embargo, la mente sutil de una persona, que contiene las impresiones mentales de todas sus acciones buenas y malas continúa. Discutiré esto más a fondo en el próximo capítulo.

Todo esto significa, que el tiempo que hemos pasado con nuestro cónyuge sólo representa unos pocos momentos dentro de nuestro viaje interminable. Hemos sido como extraños que se encuentran en un bar o en un restaurante pasando algún tiempo juntos y aprendiendo los unos de los otros, pero luego debemos separarnos como es natural. La mente de nuestro ser querido deberá continuar hacia su próxima vida, de la misma manera en que nosotros tendremos que continuar con la nuestra.

A veces me encuentro con personas que perdieron a un ser querido hace muchos años atrás, y desde entonces no han podido dejar de pensar en ellos, recordando cuánto lo amaban y lo mucho que lo extrañan. Ocasionalmente piensan que al aferrarse a la memoria de esta persona están honrando a su ser querido y demostrando cuánto le amaban. Sin embargo esto no es cierto, ya que al apegarse a este recuerdo con tanta fuerza se están lastimando a sí mismos inútilmente.

No estoy diciendo que debamos olvidar a nuestros seres queridos, sino más bien que deberíamos recordar y apreciar el tiempo maravilloso que pasamos juntos, en lugar de apegarnos con tanta fuerza que terminemos haciéndonos daño. Si una flor hermosa muere cuando llega el invierno lo aceptamos como algo natural. Sería bastante extraño que alguien llorara y sufriera porque no poder aceptarlo. De la misma forma, si reflexionamos profundamente sobre ello, veremos que la muerte de cualquier persona también es una parte natural de la vida. La vida de todos terminará en algún momento, y un día la nuestra finalizará también.

Cuando estaba en Nueva Zelanda conocí a una señora cuyo marido acababa de morir. Esta señora tenía ochenta y un años, había estado casada con su esposo durante muchos años y lo había amado profundamente. Aún así, después de su muerte ella continuó una existencia feliz. Hablaba con alegría y gratitud del tiempo que habían pasado juntos, porque comprendió que él necesitaba pasar hacia su próxima vida mientras que ella todavía tenía que permanecer en ésta. Interesantemente la señora mencionó además, que aunque su esposo había pasado por un momento bastante difícil poco antes de morir, pudo encontrar una profunda sensación de paz y bienestar. Quizás la actitud valiente y de aceptación de su esposa lo ayudó a lograrlo.

PÉRDIDA DE LA SALUD

Otra pérdida que muchas personas experimentan en esta etapa es el menoscabo de su buena salud. Para algunas personas resulta muy difícil ver cómo su salud se desvanece, particularmente si en el pasado le dieron un gran valor a su juventud y vitalidad. Aún así el detrimento de la salud es una parte inevitable de estar vivo. Desde que nacemos nuestro cuerpo físico comienza a perder salud y vitalidad, y según la perspectiva budista, nos estamos preparando gradualmente para su reemplazo. Piense en un coche viejo, una televisión vieja o cualquier objeto material. Al principio cuando cualquiera de estos se avería pensamos en repararlos, pero cuando se estropean tanto que ya son irreparables entonces debemos conseguir uno nuevo. De manera similar, cuando nuestro cuerpo se deteriora sin posibilidad de reparación, ¡lo que necesitamos es un cuerpo nuevo!

La salud quebrantada también nos recuerda practicar la gratitud. Podemos estar agradecidos de vivir en un país rico con buenas instalaciones de salud y personas que han sido capacitadas para cuidarnos. Recuerde que hay muchas personas en este mundo que mueren a causa de una enfermedad menor o a una edad temprana simplemente porque no hay un médico ni un hospital que les ayude. Por ejemplo, mi propio padre murió a la edad de cuarenta y nueve años por un intestino torcido. En nuestra villa había solo un médico que diagnosticó erróneamente la condición de mi padre, ordenando la administración de medicamentos cuando lo que necesitaba realmente era un procedimiento quirúrgico. Muchos años después me enteré que su vida pudo haber sido salvada fácilmente con una pequeña cirugía. Me sentí indignado y extremadamente decepcionado durante algunos años tomando en cuenta que mi padre pudo haber seguido viviendo una vida valiosa y significativa como practicante budista.

Entonces, ¿cómo afronté estos sentimientos? Realmente no tuve elección. Me di cuenta de que no importaba cuán enojado o molesto me sintiera por la muerte de mi padre, ello no le devolvería la vida. Mis emociones negativas no lo ayudarían y solo me dañarían a mi mismo. Como budista, también creía que era mi karma perder a mi padre a una edad tan joven, de la misma manera que era el karma de mi padre morir en ese momento. Esto realmente lo que trata de decir es que debemos aceptar aquello que no podemos cambiar. También pensé que era importante hacer todo lo posible para honrar la memoria de mi padre, y como siempre deseó que me convirtiera en monje, esto fue lo que hice. Nunca antes me había interesado en ser monje, así que su muerte fue lo que me inspiró para cambiar el rumbo de mi vida.

LA PÉRDIDA DE UN TRABAJO

El final de nuestra vida laboral puede ocurrir ya sea por nuestra propia elección como cuando nos jubilamos, o por decisión de otros, si somos despedidos porque nuestras habilidades ya son redundantes y no tienen demanda. La mayoría de la gente piensa que la primera opción sería maravillosa mientras que la segunda se considera menos placentera. Sin embargo al final ambas situaciones se asemejan porque de cualquier modo le causan a la gente los mismos problemas.

Muchas personas sueñan con retirarse durante años pero cuando esto finalmente sucede, sienten una profunda sensación de dolor y pérdida. De repente se sienten aburridos sin nada que hacer. Creo que esto ocurre en gran parte porque en el mundo moderno nuestro trabajo se relaciona estrechamente con nuestra identidad, autoestima, y para muchas personas también es un símbolo de estatus.

Pero pregúntate, ¿es realmente tan importante? Reflexiona sobre esto por un momento. Tal vez ser el gran jefe, acumulando un montón de dinero y tener muchos subordinados nos haga sentir bien con nosotros mismos. Esto no significa que seamos buenas personas sino más bien que estamos enraizados en el apego a la placentera sensación del poder y a sentirnos importantes. Al alimentar estas emociones nos encadenamos a ellas, lo que nos llevará a sufrir cuando nuestras condiciones cambien inevitablemente. Si no nos apegáramos tanto a estas emociones, es posible que experimentemos menos sufrimiento.

Frecuentemente la gente descubre que tienen demasiado tiempo libre cuando dejan de trabajar y no se dan cuenta de que este tiempo libre les ofrece una oportunidad preciosa para desarrollarse y descubrir su naturaleza interior, esforzándose en cultivar todas las buenas cualidades que hemos mencionado. A menudo las personas mueren a una edad temprana justo en el momento en que estaban ocupados haciendo malabares con mil cosas a la vez, como establecer una carrera o criar hijos. En cambio, nosotros somos lo suficientemente afortunados como para disponer del tiempo y la oportunidad necesarios para enfocarnos en nuestra vida interna sin la distracción de tantas cosas externas. Si nos enfocamos en nuestra mente y desarrollo interior, siempre tendremos mucho que hacer en nuestro día a día.[33] Al principio es posible que tengamos que dedicar un tiempo considerable y esfuerzo a esta tarea, ¡pero pronto se hará mucho más divertido que ver televisión o jugar bingo!

Entonces, ¿cómo podemos desarrollar estas cualidades internas? Hay muchas formas diversas de lograrlo: ayudando a otros por ejemplo, enseñando un idioma a los refugiados, ayudando en un comedor de beneficencia o como consejero telefónico voluntario. Involucrarnos en este tipo de actividades nos impide sentir que tenemos demasiado tiempo libre, y al ayudar a los demás, experimentaremos más y más felicidad en nuestras vidas.

Una vida activa y caritativa también puede estar respaldada por un compromiso regular de 'adiestrar la mente en la sabiduría', ya que puede hacer que tu habilidad para ayudar a los demás sea aún más eficiente. Podrías leer y contemplar libros sobre psicología, religión o filosofía y aplicar en tu propia vida las ideas que aprendas, o puedes discutirlas con otros. Entonces, además de las alegrías de una vida altruista, descubrirás el gozo de tener una mente aguda y sabia. Finalmente, en la actualidad los científicos entienden que las personas de edad avanzada pueden generar nuevas neuronas a través del adiestramiento de la mente.[34] Por ello, sostener un compromiso de estudio y contemplación regularmente puede ser una forma poderosa de reducir el deterioro de la memoria relacionado con la edad, situación que lamentablemente aflige a tantas personas cuando llegan a una edad avanzada.

Si estamos preocupados porque creemos que no somos lo suficientemente inteligentes como para pasar horas leyendo libros que incrementen nuestra sabiduría, es oportuno saber que hay una gran diferencia entre ser sabio y ser inteligente. Una persona sabia puede que no tenga necesariamente una buena educación o un trabajo importante, pero puede tener una comprensión práctica innata de lo que es importante en la vida, y poseer una amabilidad natural. Hay muchas historias en el Tíbet sobre personas que llevaron una vida extremadamente simple y sin educación formal alguna, pero siempre fueron reconocidas por su amabilidad y sabiduría.

¿Cómo podríamos ser como estas personas? La clave es pensar y desear continuamente que todos los demás sean felices y estén libres de sufrimiento, de la misma forma en que una buena madre no quiere otra cosa que no sea lo mejor para su hijo. Si podemos sostener un corazón siempre cálido pensando en cada individuo como nuestro hijo amado, mientras caminamos, hablamos, dormimos, comemos o hacemos cualquier tipo de actividad, con el tiempo olvidaremos nuestro propio interés y nos sentiremos naturalmente felices y sabios. Incluso si estamos demasiado cansados o enfermos para ayudar a los demás, lo más importante es que adiestremos nuestra mente para sostener el pensamiento amable y considerado. No tengo la menor duda de que gradualmente seremos personas más amables, sabias y felices.

LAS FINANZAS

A esta edad y naturalmente el enfoque de la mayoría de las personas se ha alejado de ganar dinero. ¡Esto es bueno para nuestra felicidad! Aún así quiero hablar del dinero ya que la forma y manera en que manejamos nuestras posesiones en esta etapa sigue siendo importante. Desafortunadamente todavía quedan muchas trampas en las que podemos caer. Una de estas trampas es la mezquindad. Algunas personas no quieren gastar dinero en nadie más que en ellas mismas, mientras que otras son tan mezquinas que ni siquiera gastan dinero en sí mismas. ¡Qué insensato es no ser generoso con uno mismo después de una vida de trabajo duro!

Si hemos ahorrado una cantidad razonable de dinero, ¿cómo deberíamos gastarlo? En esta etapa hemos aprendido por experiencia, que el dinero no compra la felicidad pero ciertamente puede ser de gran beneficio si lo usamos sabiamente. Solo digamos que tenemos $5,000 dólares para gastar. Podríamos optar por ir de vacaciones a una isla tropical o podríamos donar este dinero a una familia pobre quizás salvando la vida de alguien que necesite una operación. Frecuentemente gastamos dinero en unas vacaciones lujosas o en un coche nuevo buscando eliminar la insatisfacción o aburrimiento de nuestra situación actual. Esto puede parecer muy atractivo en ese momento pero no conducirá hacia una felicidad duradera. Por el contrario, el ayudar a otro ser vivo mediante nuestra generosidad, nos dará una sensación inmediata de bienestar y también plantará una semilla de felicidad futura en nuestra mente.

Sin embargo, esto no significa que debamos dar todo nuestro dinero sin dejar casi nada para nosotros mismos, o endeudarnos para comprar regalos para otros. Uno de mis amigos me informó que muchas personas en Australia gastan grandes cantidades de dinero en regalos para sus familiares y amigos en Navidad, a veces mucho más de lo que realmente pueden pagar. Su motivación puede ser buena, pero este tipo de bondad a menudo es poco práctica y carece de sabiduría especialmente si están en lucha por cubrir los gastos del mes. El estar endeudado puede restringir nuestra libertad en gran medida, aunque esta forma de sufrimiento generalmente se puede prevenir si somos sabios acerca de cómo gastamos.

Aunque es importante y beneficioso ayudar a los demás, también es crucial ser honestos acerca de nuestra situación y tratar de ver claramente qué podemos costear. Debemos preguntarnos cómo podemos utilizar nuestros recursos más eficientemente, tomando en cuenta todas las circunstancias. Esto es lo que quiero decir con sabiduría. También recuerda que ser generoso no significa solamente dar obsequios materiales. Por ejemplo, podemos regalar nuestro tiempo ayudando a cocinar o a limpiar el día de Navidad cuando esto es tan apreciado e importante para los que nos rodean.

LA SOLEDAD Y LA INTOLERANCIA

Muchas personas están preocupadas o incluso temen sentirse solas a medida que envejecen. Existen varias cosas prácticas que podemos hacer para evitar la soledad. Si tenemos la capacidad podemos involucrarnos con personas de nuestra comunidad que necesiten ayuda; por ejemplo, enseñando un idioma a los migrantes, ser voluntarios en una escuela o averiguar cómo podemos usar nuestras habilidades y experiencia para asistir a organizaciones de voluntarios como la Cruz Roja, quizá nuestra iglesia local o templo.

Si no tenemos buena condición física pero nuestra mente es fuerte, entonces el estudio y la práctica espiritual pueden ser una forma muy gratificante de pasar nuestro tiempo. Según testifican los ermitaños en retiro prolongado, podemos sentirnos increíblemente cerca de los demás si meditamos en la compasión y desarrollamos un buen enfoque interior. Aunque estemos solos, ello no significa que tengamos que sentirnos solitarios.

Involucrarse con grupos comunitarios o religiosos es una buena manera de conocer gente nueva y cultivar nuevas amistades. Aún así puede que algunos nos aprieten los botones. Lo menciono para traer a colación el tema de la intolerancia que a mi juicio, es una de las razones principales de la soledad en Occidente. En la cultura occidental muchas personas parecen valorar primordialmente su 'espacio y libertad personal', deseando asociarse con personas que tienen valores y personalidades compatibles y similares. Por otro lado, esta actitud conlleva a crear barreras.

El primer punto que deseo recalcar es que ninguna costumbre o tipo de personalidad en particular es mejor que otra. Esto representa solamente un pensamiento habitual de nuestra parte, por lo que debemos aprender a practicar la tolerancia hacia todos, ya sea por empatía inmediata o porque los encontremos irritantes. Es muy común conocer a alguien y sentir inicialmente una fuerte aversión para luego apreciarlos con el paso del tiempo. Esto no significa que la persona haya cambiado su naturaleza inherente, sino más bien que nuestra mente ha transformado su percepción de la misma.

Otra forma común en que la intolerancia se convierte en un problema es cuando creamos barreras físicas o emocionales a nuestro alrededor. Con esto quiero decir que inadvertidamente, podemos crear barreras al apegarnos firmemente a la idea de que algún espacio o algún tiempo es solamente para nosotros. Por ejemplo, podemos pensar que alguien que abre nuestra puerta o nos visita sin previo aviso es una invasión a nuestro espacio personal. ¡Qué diferente es esto del Tíbet! Cuando vivía en monasterios en el Tíbet no importaba si estaba tratando de estudiar, de vestirme o incluso tratando de bañarme, los otros monjes a menudo se sentían como en casa en mi habitación y revisaban mis posesiones. No me sentía molesto o irritado, ya que esto era una parte normal de la cultura. Sin embargo, habiendo vivido en Occidente durante algunos años, si alguien me visita sin previo aviso o abre mi puerta, siento que esto no es tan apropiado.

Desafortunadamente nuestro concepto de espacio personal a menudo crea distancia entre las personas, y si estamos distantes es más probable que nos sintamos solos. Si viviéramos en un entorno completamente abierto sin límites personales, fácilmente podríamos irritarnos el uno al otro. Así mismo, soltar la actitud de que 'necesitamos' espacio personal puede conducir a la cercanía y la tolerancia entre nosotros. Debo confesar que no sabía realmente qué era la soledad hasta que llegué a Occidente ¡Pensé que la soledad era lo mismo que el aburrimiento! Ahora que soy consciente de lo grande que es el problema, siento que es especialmente importante ayudar a las personas a ver las desventajas de estar apegadas a su espacio personal.

En este momento, me gustaría utilizar un ejemplo personal para ilustrar un punto sobre la tolerancia. En un monasterio donde solía vivir, había un monje con muy mal genio que rápidamente se enojaba cada vez que otros monjes lo interrumpían o bromeaban con él. Los otros monjes deliberadamente lo molestaban una y otra vez, pues era muy fácil hacerlo enojar. Esto puede sonar cruel pero con el tiempo su temperamento y autocontrol mejoraron mucho al darse cuenta de que con su ira no lograba nada, y era más feliz cuando practicaba la tolerancia hacia los demás.

La tolerancia no solamente se extiende a otras personas. Tenemos muy poco control sobre lo que sucede en nuestras vidas. Inevitablemente enfrentaremos muchos eventos externos que preferiríamos no afrontar. Si somos intolerantes, nos resultará difícil alcanzar la paz, ya que estos eventos conducirán a la ira y la angustia consumiendo nuestra buena voluntad.

Alternativamente, podemos usar todas las situaciones que nos frustran y todas las personas que nos resultan molestas como una oportunidad para practicar la tolerancia. Podemos hacer esto todos los días hasta que se convierta en un hábito. Primero, considera las ventajas de actuar de esta manera y las desventajas de no hacerlo, y luego sé consciente de la práctica de la tolerancia todo el tiempo como un ritual. Serás recompensado con más relaciones amorosas y una mente tan pacífica como un cielo azul sin nubes.

La gratitud

La gratitud es otra cualidad mental positiva que podemos practicar todos los días. Hay una muy buena razón para hacerlo. Sentir gratitud hacia los demás hace que nos sintamos más felices. Lo anterior no es solo una creencia budista, los estudios psicológicos también han demostrado que la gratitud es un factor que contribuye a la felicidad humana .[35]

A veces, cuando le menciono esto a la gente, me responden que son demasiado infelices para sentirse agradecidos. Me dicen que se sienten solos, que tienen poco dinero o que no tienen una buena relación con sus hijos, y que debido a ello, consideran que no tienen nada que agradecer. Esto nunca es cierto si somos capaces de reconocerlo. Siempre hay algo por lo cual estar agradecidos. Por ejemplo, cuando vine a Australia fue la primera vez que tuve un teléfono en mi casa. ¡Qué maravilloso invento! De repente pude hablar con personas del otro lado del mundo desde mi propia casa. ¡Qué agradecido estaba con la persona que había inventado esto! Ahora siento lo mismo por los beneficios que brinda Internet, por volar en avión e incluso por la cinta adhesiva cuando necesito pegar algo en la pared. Todo esto sin mencionar a las muchas personas que ayudan a poner comida en mi mesa todos los días, y las que me ofrecen el regalo de su amistad.

Quizás, algunos no acepten este razonamiento y piensen para sí mismos, "todavía tengo que pagar por muchas de estas cosas. Entonces, ¿por qué debería sentirme agradecido?" Aún así alguien tuvo que diseñar y construir el avión, el teléfono y la cinta adhesiva para poder usarlos. Si yo fuera el hombre más rico del mundo pero nadie hubiera inventado el teléfono, ¡de manera irremediable no podría hablar con gente de otro continente! Además, debemos recordar que hay muchas cosas por agradecer que ninguna cantidad de dinero puede comprar, tales como la amabilidad de familiares y amigos, o la belleza natural del mundo que nos rodea.

Sintiendo gratitud por las cosas que componen nuestra vida cotidiana, podemos cultivar la felicidad dentro de nosotros mismos. Esto nos hace más fuertes mentalmente y nos permite afrontar mejor muchos problemas de la vida incluyendo el envejecimiento, las pérdidas, y finalmente la muerte. No obstante es importante recordar que la gratitud tiene dos lados opuestos. Es maravilloso si podemos sentirnos agradecidos por todo y por todos los que nos rodean pero tenemos que tener cuidado de no apegarnos a ellas. Si esto sucede, inevitablemente sufriremos cuando todas estas cosas desaparezcan. Es difícil comprender realmente cómo podemos apreciar las cosas sin apegarnos a ellas pero esta es una habilidad crucial si deseamos vivir una vida feliz y significativa.

Recuerda que todo tiene aspectos buenos y malos incluyendo el teléfono, el avión y la cinta adhesiva. Nuestras facturas telefónicas pueden ser caras, nuestro vuelo puede retrasarse y ¡es posible que no hallemos el principio de la cinta adhesiva! Pero si no nos sentimos agradecidos por lo que tenemos, estaremos habituando nuestras mentes a enfocarse en lo negativo y seguramente terminaremos insatisfechos. Nunca seremos realmente felices pues es imposible tener todo lo que deseamos en todo momento. En esencia, aunque el mundo está lleno de mucho sufrimiento, también hay muchas maravillas. Cultivar la gratitud no significa ver el mundo a través de lentes de color rosa, más bien es aprender a apreciar estas abundantes maravillas por lo que son.

Ejercicio–Reflexionando sobre la transitoriedad

Recuerda algunas de las pérdidas y cambios que has experimentado en este momento de tu vida y contempla los siguientes pensamientos:

- Todo lo que nazca envejecerá y morirá.
- Todo lo que se ha reunido se separará.
- Todo lo que ha sido acumulado se extinguirá

- Todo lo que se ha construido se derrumbará.

De la misma manera, la amistad y la enemistad, la fortuna y la tristeza, todos los pensamientos que pasan por nuestra mente, todo cambia continuamente.

Recuérdate que la impermanencia es simplemente la verdad de cómo la vida es y que por lo tanto, lo único que realmente tenemos es este instante.

¿Cómo podría ayudarte este entendimiento para afrontar la pérdida de un ser querido?

¿Cómo esto podría cambiar tu perspectiva sobre los diferentes tipos de pérdidas que enfrentamos: la pérdida de seres queridos, de un trabajo o de cualquier cosa a la que le tenemos cariño o apego?

También puede ser útil recordar que los cambios no necesariamente conducen al infortunio, a veces te pueden beneficiar enormemente aunque al principio ello no sea evidente.

Reflexionando sobre todas estas preguntas, siéntate con la espalda recta, siente tu cuerpo relajado y respira profundamente unas cuantas veces. ¿Qué lecciones te aporta la verdad de la impermanencia?

Preparándose para Partir de esta Vida

La sexta etapa de la vida es la más trascendental y la última oportunidad para lograr la autorrealización. En este capítulo estaré abordando la espiritualidad directamente ya que para la mayoría de las personas la práctica espiritual en esta etapa es más importante que nunca antes. No importa lo que haya ocurrido en nuestro pasado. Llegado este punto no tiene sentido arrepentirnos sobre cómo hemos vivido nuestra vida hasta el momento. Debemos recordar que todavía tenemos la oportunidad y capacidad de trabajar con nuestra mente y alcanzar la felicidad. En esta etapa de vida, sin excepción, todos tienen la oportunidad de prepararse para una muerte pacífica y para usar este momento crucial como una oportunidad para la autorrealización.

Como mi formación es en Budismo, hablaré principalmente desde una perspectiva Budista. Sin embargo, en la cultura occidental destacan dos puntos de vista importantes que en muchos sentidos son igualmente válidos. Por un lado, está la postura teísta que surge principalmente de las tradiciones cristiana, judía e islámica Por otro lado está el punto de vista secular que generalmente adopta la ciencia y sostiene una perspectiva atea o agnóstica.

Desde la postura teísta podemos prepararnos para la muerte cultivando cualidades de amor y compasión, y de esta manera lograr estar 'cerca de Dios'. Se nos anima incluso a confesar sinceramente y con el corazón abierto todas nuestras acciones negativas, reconociendo que si somos genuinos nunca es demasiado tarde para pedir perdón y encontrar la paz verdadera. Podemos aceptar las dificultades y el sufrimiento como la 'voluntad de Dios' y ello nos permite encontrar paz interior, calma, y confianza. También existe el entendimiento de que una buena persona irá al cielo como resultado de su fe y sus buenas acciones.

Desde el punto de vista secular, existen muchas personas que no tienen expectativas particulares sobre la vida después de la muerte. Esta actitud puede ser muy útil para evitar que nos aferremos a ideas y conceptos inútiles que impidan experimentar mayor paz y sosiego interior. No importa cuáles sean nuestras creencias, ya que a través de la experiencia de la vida habremos descubierto que la bondad, la compasión y un buen corazón son cualidades esenciales que nutren todos los aspectos de nuestra vida. Las actitudes negativas, en cambio, solo nos causan daño a nosotros mismos y a los demás. Por ello tiene sentido enfocarnos en estas cualidades positivas, sobre todo cuando estamos cerca de la muerte, y hacer el mejor esfuerzo para soltar toda nuestra negatividad. Para aquellos que sostienen la fuerte convicción de que la existencia cesa después de la muerte, también puede ser útil de alguna manera ya que asiste en realizar lo increíblemente preciosa que es esta vida e inspirarnos para aprovecharla al máximo.

Ahora abordaré algunos conceptos desde la perspectiva Budista, que considero pueden ser útiles para todos, independientemente de su creencia religiosa o trasfondo cultural. Mi esperanza es que veas cómo estos principios se relacionan con tu propio sistema de creencias y luego los apliques a tu propia vida.

KARMA

Todo lo que va, regresa.
— Proverbio tradicional —

~

Con nuestros pensamientos construimos el mundo.
— Buda —

∼

Lo que siembres, cosecharás.
— Jesucristo —

∼

La mayoría de las personas, tanto budistas como no budistas, se han familiarizado con el concepto del karma. Sin embargo, para asegurarnos de que lo entendemos claramente, me gustaría utilizar un par de analogías.

Imagina que tenemos una tina llena de agua limpia y luego le agregamos un poco de sucio o una tinta colorante. El agua se pondrá turbia. Similarmente, nuestra mente es como el agua clara y cualquier acción o pensamiento que tengamos quedará grabado en nuestra corriente mental. Debemos entender que cualquier cosa que hagamos, pensemos o digamos depende de la mente, pues nuestras acciones comienzan en la mente y terminan en la mente. Por lo tanto la mente es como un rey y el cuerpo y la palabra son los súbditos que llevan a cabo todo lo que la mente les ordena. En consecuencia, todo lo que hacemos queda grabado en la mente. Conforme al budismo la mente y la palabra dependen del cuerpo físico y por ello son transitorios y perecederos. En cambio, la mente sutil no depende de la materia física, y por ende, perdura después de la muerte. Es por esta razón tenemos nociones o ideas que describen ciclos de vida continuos en los que las impresiones de la mente se transportan de una vida a la siguiente.

Una institución bancaria nos da un ejemplo similar. Cuando ganamos dinero producto del trabajo duro lo depositamos en un banco, y cuando lo necesitemos posteriormente allí estará disponible. Del mismo modo, cuando tenemos un pensamiento positivo o realizamos una acción positiva acumulamos mérito para nuestro futuro. De igual manera, cuando actuamos o pensamos negativamente debitamos el mérito acumulado. Si nos excedemos, restamos el mérito acumulado hasta crear una deuda que tendremos que pagar eventualmente.

El karma es un concepto fundamental en el Budismo[36] que aplica a todos aunque no tengan dicha creencia espiritual. Un acto cruel o irreflexivo contra una persona genera dos consecuencias desagradables. En primer lugar, no le agradaremos a esa persona, y en segundo lugar nos sentiremos arrepentidos. Quizás al principio no nos demos cuenta de ello, pero en el fondo siempre mantendremos en el corazón algún residuo de arrepentimiento que eventualmente saldrá a la superficie. Según muestran los estudios sicológicos, si somos amables con alguien nos sentiremos más felices con nosotros mismos y probablemente la otra persona nos responderá con amabilidad.[37] La única diferencia real entre estos hechos y las creencias budistas, es la idea de que el karma acumulado en esta vida nos sigue en la próxima.

¿Cómo el karma crea nuestras vidas siguientes? Si solemos ser muy generosos, de salida nos daremos cuenta que la gente a nuestro alrededor nos responde con generosidad. Podremos notar incluso que personas que nunca hemos conocido son igualmente generosas con nosotros facilitando el éxito en todas sus formas, incluyendo el financiero. La mayoría llamaríamos esto como un golpe de suerte, pero los budistas dirían que estas condiciones externas favorables son en realidad el resultado de nuestro karma o buenas acciones acumuladas en esta vida o en vidas anteriores. Por otro lado, si actualmente confrontamos condiciones adversas ello implica que el karma negativo está siendo activado. Esta idea se fundamenta en que todo lo que existe es interdependiente, y que por lo tanto nada es aleatorio, incluyendo lo que consideramos normalmente como buena o mala 'suerte'.

Por lo tanto, no hay que sentirse desanimados si nuestras condiciones actuales no son favorables. Tampoco debemos sentir orgullo si nuestras condiciones son afortunadas. La persona que está viviendo una 'buena vida' de hecho está gastando el buen karma acumulado en su cuenta de banco; mientras que la persona que experimenta dificultades está consumiendo o 'purificando' su karma negativo. Por otro lado, ambos personajes tienen la oportunidad de crear buenas condiciones para su vida actual y futura por medio de la realización de buenas acciones.

SUFRIMIENTO Y PURIFICACIÓN

Para los budistas el sufrimiento está estrechamente vinculado con el karma. Buda estableció que el sufrimiento es la primera verdad de la vida, por ende, si hemos de vivir habremos de sufrir.[38] Ya hemos podido constatarlo en nuestras propias vidas porque hemos visto que las condiciones se tornan adversas inevitablemente y experimentamos la pérdida de cosas o personas que nos importan. Si no podemos evitar los eventos externos que causan sufrimiento, entonces ¿qué podemos hacer para superarlos? La respuesta está en comprender que las causas fundamentales del sufrimiento se originan por nuestras emociones aflictivas y acciones negativas previas. Al ser conscientes de esta verdad podemos aprender a generar estados mentales saludables: aprender a observar, aceptar y dejar ir los pensamientos y emociones que pasan por nuestra mente en lugar de apegarnos a ellos firmemente. A través de este proceso podemos reducir nuestro nivel actual de sufrimiento y gradualmente, paso a paso, eliminar el sufrimiento por completo.

Lo primero que debemos entender es que el sufrimiento es creado por nosotros mismos, por nuestras propias mentes y por nadie más. Las condiciones externas que consideramos que traen sufrimiento son de hecho condiciones secundarias y éstas son el resultado del karma. Esto no significa que debamos culparnos por nuestras condiciones externas, la culpa no es importante ni útil. Más bien, debemos comprender las razones de nuestras condiciones externas y luego abordarlas.

Entonces, si el sufrimiento presente y el sufrimiento futuro son consecuencia del karma negativo ¿qué podemos hacer al respecto? ¿Estamos condenados a vivir las consecuencias de nuestras acciones pasadas o podemos cambiar está situación?

Afortunadamente, es posible purificar nuestro karma pasado siempre y cuando seamos genuinos en ello. Esto puede prevenir el sufrimiento futuro y también puede disminuir nuestra experiencia de sufrimiento en el proceso de la muerte. Para lavar algo sucio necesitamos agua y jabón. Cuando lavamos el karma negativo, necesitamos cuatro condiciones:

1. Arrepentimiento

Se necesita generar una aceptación profunda y sincera de cualquier conflicto o problema que te haya preocupado a lo largo de tu vida, junto al arrepentimiento por cualquier error que puedas haber cometido. Esto incluye todo lo que no recuerdas de esta vida y quizás también cosas de vidas anteriores. Sin embargo, la capacidad de recordar no es tan importante como la fuerza y la autenticidad del sentimiento que generas. Puedes pensar: "aquí estoy, éste soy yo. No tengo nada que ocultar. Me acepto completamente y reconozco todos mis defectos con honestidad". Recuerda no confundir el arrepentimiento con la culpa o la vergüenza malsana, pues la idea es manifestar abiertamente tus tendencias negativas sin ser autocrítico. Te estás dando permiso para aceptar cada parte de lo que eres como ser humano; y para dejar ir todo lo que te agobia.

2. Aplicando el Antídoto

Esto significa que debes poner mucho esfuerzo para realizar buenas acciones y cultivar estados mentales saludables, ya que esto es parte del proceso de purificación. Genera compasión hacia los demás y pide perdón de cualquier forma que sea significativa para tí, pidiendo y orando por ayuda para purificar tu karma negativo. A muchas personas les resulta útil pensar en términos de un 'poder superior', este puede ser Dios, Buda o el potencial humano común para ser bondadoso. Viendo las cosas desde esta perspectiva, es posible que descubras que eres capaz de perdonar a aquellos hacia quienes has sentido rencor, hablar abiertamente con las personas con las que te has distanciado, o incluso resolver conflictos de mucho tiempo. Sin embargo, el resultado más importante de esta práctica es la transformación de tu propio estado mental.

3. Resolución

Esto significa que debes estar genuinamente determinado a no repetir las mismas acciones o hábitos que te han hecho generar karma negativo o vivir en un estado de conflicto emocional. La importancia de esto no puede ser exagerada. Tu determinación debe ser tal, que incluso si tu vida estuviera en juego, te negarías a cometer esta acción de nuevo o pensar de la misma manera. Se dice que una resolución fuerte y sincera puede ser lo suficientemente poderosa para purificar el karma negativo de muchas vidas. Esto no depende de la cantidad de tiempo que dediques a pensar de esta manera, más bien consiste en la autenticidad y la fuerza de tu compromiso.

4. Intensidad

Finalmente, necesitas tener un alto grado de enfoque pensando intensamente en todas las acciones negativas que has cometido y reconocer verdaderamente todas las cosas que deseas cambiar. Puedes orar fervientemente para que todo esto se purifique. Hay miles de oraciones formales en el Budismo, y también muchas en el Cristianismo al igual que otras religiones, pero si no conoces ninguna oración formal puedes decir lo que te surja del corazón. Realmente no importa lo que digas siempre que sea genuino y sincero. Esto puede ser muy poderoso.

El sufrimiento experimentado al morir puede ser grande. Sin embargo, el sufrimiento mental de una persona suele ser mucho mayor que su sufrimiento físico. Al aprender a purificar el karma negativo la experiencia del sufrimiento mental puede reducirse en gran medida. Incluso, aunque todavía estemos atravesando gran sufrimiento físico, éste no nos agobiará tanto como antes. Es posible que todavía experimentemos sufrimiento pero este no será abrumador.

La psicología occidental ha identificado las diversas etapas que atravesamos tras descubrir que tenemos una enfermedad terminal, o cuando nos enfrentamos a alguna mala noticia inesperada[39]. Estas incluyen en primer lugar, la negación de que algo anda mal, enojo, frustración porque las cosas no van a nuestro modo, seguidas de depresión y pérdida de confianza cuando vemos que estamos atrapados en algo sobre lo que no tenemos control. Finalmente, y aunque no todas las personas alcanzan esta etapa, podemos llegar a un estado de aceptación pacífica y genuina aprendiendo a soltar todas las luchas por las que hemos pasado, para observar la vida con una perspectiva renovada en profundidad y sabiduría. Si entendemos la verdad del sufrimiento y trabajamos duro para purificar nuestro karma negativo, podemos llegar mucho antes a esta etapa de paz y aceptación.

Por último, si nos encontramos enfermos y cansados es importante aceptar el sufrimiento que ello conlleva en lugar de tratar de luchar contra él, u obligarnos a relacionarnos con el mundo exterior. Aceptar el sufrimiento también nos libera de sentirnos culpables debido a la imposibilidad de estar a la altura de los compromisos y responsabilidades previos, factor que solo agrega un dolor innecesario al sufrimiento que ya estamos atravesando. La cultura moderna está tan enfocada en avanzar y mantenerse ocupada que frecuentemente se nos hace difícil darnos permiso para escuchar a nuestro cuerpo y descansar cuando lo necesitamos. Esto es cierto para la gente en cualquier etapa de la vida, especialmente hacia el final de ésta cuando muchos nos vemos forzados por primera vez a reducir la velocidad por primera vez.

La compasión

Si alguien es infeliz y tiene un problema, le sugiero frecuentemente que practique la compasión. Puede que responda "si yo mismo soy tan infeliz, ¿cómo puedo tener compasión por los demás?" Esta forma de pensar parece sugerir que la compasión se asemeja a sentir simpatía o sentir lástima por los demás, y que sufriremos más si asumimos sus cargas. Por lo general, el sufrimiento surge cuando ignoramos los sentimientos de los demás y nos vemos atrapados en nuestro propio orgullo y vanidad. Por consiguiente, generar verdadera compasión hacia las demás personas puede ser una forma muy efectiva de reducir nuestro propio sufrimiento.

Aunque puede ser increíblemente beneficioso practicar la compasión, muchas personas tienen una idea limitada de lo que la compasión es realmente, y piensan que se trata de sentir lástima por los demás cuando nos sentimos incómodos. La conclusión lógica muy bien podría ser que "sentir compasión por otro me hace sufrir y por esto no debería pensar en el sufrimiento de nadie". Esta es una forma de pensar muy limitada; la compasión genuina siempre va de la mano con la sabiduría y por lo tanto, nunca nos debe hacer sufrir o debilitarnos. ¿Por qué es esto? La compasión genuina significa que entendemos las causas del sufrimiento y cómo cada ser vivo, comenzando por nosotros mismos, tiene el potencial de superar el sufrimiento. ¡Al tomar mentalmente el sufrimiento de los demás sobre nosotros mismos, podemos desarrollar una mente fuerte y valiente que en realidad nos protege de experimentar sufrimiento!

Permítanme darles un ejemplo de cómo podemos combinar la compasión con la sabiduría. Si alguien le dispara a una persona o roba sus posesiones, usualmente se nos hace normal sentir compasión por quien ha perdido dinero o incluso la vida y enojarse con la persona que ha cometido el crimen. Si por otro lado, combinamos la compasión con la sabiduría, nos damos cuenta de que ambos son sujeto de compasión.

En primer lugar, la persona que perdió dinero sufre como resultado de muchos factores incluyendo su karma negativo previo. El que ha cometido el crimen lo hace bajo el control de sus emociones aflictivas y se está creando un sufrimiento nuevo para el futuro como consecuencia de esta acción, que incluso puede aumentar en vidas futuras. Sobre esta base, es que la compasión puede extenderse a todos los seres vivos, amigos y enemigos por igual.

Este tipo de compasión no solo busca comprender el sufrimiento de los demás, sino que también nos prepara para actuar con el objetivo de aliviar su sufrimiento. Es maravilloso si estamos en condiciones de ayudar a los demás, pero aún si no podemos ayudar, debemos recordar que tener compasión definitivamente nos ayudará. Comprender el sufrimiento de los demás es reducir nuestro propio sufrimiento al darnos cuenta de que todos estamos pasando por dificultades similares, por lo que no tiene sentido concentrar nuestra atención solamente en nuestros propios problemas. Como las ondas que se expanden cuando se arroja una piedra a un estanque, una actitud de compasión también puede ayudar a aquellos con quienes interactuamos tales como, amigos y familiares. Esto puede ser un catalizador para construir la paz entre nosotros y los demás, y también entre otras personas que ven nuestro ejemplo. ¿Quién sabe qué tan lejos las ondas de nuestra compasión se extenderán?

SUPERANDO EL MIEDO A MORIR

Morir es como cambiarse de ropa
— Su Santidad el Dalai Lama —

∾

En general la gente tiende a evitar pensar en la muerte aunque tarde o temprano tengamos que darnos cuenta de que la misma es inevitable. Por lo tanto, según vamos envejeciendo es posible que el miedo a la muerte vaya incrementando; un miedo que en gran medida se fundamenta en tres factores principales. En primer lugar está el temor de perder seres queridos y posesiones, junto al temor de la aniquilación. Luego está el miedo a sentir dolor físico al morir. Por último, tenemos que enfrentar el miedo a encarar las consecuencias de las malas acciones que hayamos cometido, y que suelen ser acompañadas de un profundo sentimiento de arrepentimiento. Sin embargo, todos estos miedos pueden superarse si sabemos cómo hacerlo.

Desde un punto de vista budista, el apego es la fuente del sufrimiento y por ende, debe ser abandonado. Si estamos apegados a nuestros seres queridos, el miedo de perderlos nos puede causar una angustia significativa. Para aliviar este miedo, es muy útil pensar en todas las personas con las que tenemos vínculo en esta vida, incluyendo a los más cercanos a nosotros, y considerarlos como si fueran transeúntes con los que nos cruzamos en la calle o figuras que aparecen en un sueño. En el gran esquema de las cosas, estos son simplemente conocidos que pasan como estrellas fugaces.

Sin embargo, esto no significa que nunca volveremos a encontrar a nuestros seres queridos nuevamente. De hecho, si soltamos nuestro apego, existe una mayor posibilidad de reencontrarse con ellos en una situación favorable. Esto se debe a que las interacciones positivas que hemos tenido con ellos basadas en la bondad y la generosidad, seguramente nos unirán de nuevo cuando las condiciones sean adecuadas. Aunque tendremos que despedirnos de todos nuestros seres queridos, de hecho podemos ver la muerte como un nuevo comienzo esperando a revelarse, y ello nos sostendrá en reducir el apego a nuestra vieja vida.

También podemos tener profundamente arraigado un miedo al dolor físico. En respuesta a ello puede ser útil hacernos conscientes de que no todo el mundo experimenta una muerte dolorosa. De hecho, muchas personas mueren sin dolor y con una mente verdaderamente pacífica. Sin embargo, si experimentamos dolor es útil generar una mente fuerte y una actitud que acepta el dolor valientemente en lugar de verlo con miedo o aversión. Lo más importante es ser conscientes de que el dolor que experimentamos puede ser una forma de purificar enormes cantidades de karma negativo, especialmente si somos capaces de mantener un estado mental virtuoso. Cuando estamos enfermos, la experiencia del dolor suele ser una señal de que nuestro cuerpo se está curando. Es útil pensar de la misma manera cuando nuestra mente atraviesa la transición hacia un nuevo nacimiento.

En segundo lugar, es crucial que la mente no esté ocupada únicamente por el dolor o el apego al mismo. Aún cuando lo experimentemos, su manejo depende de cuán capaces seamos de soltar nuestra reacción a la sensación de dolor, la cual puede hacerse abrumadora en ocasiones. Por lo tanto es útil aprender cómo a solamente 'observar' el dolor, dejar que se desvanezca en el trasfondo, o verlo como una simple sensación mientras llenamos nuestra mente con pensamientos fuertes y virtuosos tales como la inspiración de Dios o de aquello que represente nuestra verdad más profunda.

Para hacer frente al arrepentimiento, primero debemos entender que es bueno experimentar agobio por cualquier acción incorrecta que hayamos cometido. Debemos recordar que cualquier acción negativa y sus resultados son sólo transitorios, y por ende, no deben definir quiénes somos. Por el contrario, nuestra verdadera naturaleza es fundamentalmente pura y no está contaminada por emociones aflictivas, siendo semejante a un cielo despejado y sin nubes. Cuanto mayor sea nuestro sentimiento de arrepentimiento genuino por las acciones incorrectas cometidas, mayor será nuestro poder para purificar estas emociones utilizando las cuatro condiciones mencionadas anteriormente: arrepentimiento, aplicar un antídoto, resolución e intensidad. Recuerda que el arrepentimiento genuino no significa que debamos vivir con sentimientos de culpa sin hacer nada. Por el contrario, el arrepentimiento debe motivarnos a aceptar quienes somos y lo que ha ocurrido en nuestras vidas, haciendo nuestro mejor esfuerzo por eliminar estados de conciencia malsanos mientras cultivamos cualidades mentales saludables.

También puede ser muy útil comprender lo que sucede cuando morimos. Gran parte de este conocimiento proviene de las prácticas tántricas del budismo tibetano, a través del cual los grandes practicantes se adiestran, estando vivos, a atravesar la experiencia de la muerte conscientemente. Somos muy afortunados de que este conocimiento está ampliamente disponible actualmente, ya que nos ayuda a entender exactamente qué esperar durante el proceso de la muerte y a superar el miedo de morir.

En realidad la muerte es un proceso que experimentamos todos los días cuando nos dormimos. Cuando dormimos la mente burda, que consiste de nuestros pensamientos y emociones ordinarios, se disuelve en la mente sutil; y cuando esto ocurre, podemos experimentar sentimientos de felicidad y claridad. Cuando morimos la mente sutil se vuelve aún más sutil y las energías del cuerpo físico se disuelven una a una en los cuatro elementos: tierra, agua, fuego y viento. Es por esta razón que cuando morimos nos sentimos extremadamente pesados inicialmente como si nos estuviéramos ahogando, pues el elemento tierra se disuelve gradualmente en el elemento agua. Después nos sentimos extremadamente deshidratados ya que el elemento agua se disuelve, posteriormente nuestro cuerpo se torna frío con la disolución del elemento fuego. Finalmente, nos resulta difícil movernos y gradualmente nuestra respiración se detiene a medida que el elemento viento se disuelve.

Hay muchos más detalles sobre este proceso de disolución[40], y estos se pueden encontrar en libros específicos dedicados al tema. Sin embargo, es importante saber que el proceso no se completa cuando cesa la respiración. Aunque la respiración y los latidos del corazón hayan cesado y se considere que la persona está clínicamente muerta, los procesos mentales de la muerte continúan. Es por esto que se recomienda no mover el cuerpo durante algún tiempo ni distraerlos con ruidos. Tales interrupciones pueden perturbar la mente sutil de la persona moribunda mientras lleva a cabo las fases finales de disolución creándose malestar mental en ciertas etapas de su tránsito.

En el Tíbet, encontramos muchos casos de practicantes espirituales que han demostrado un dominio completo sobre el proceso de la muerte. Con frecuencia sus cuerpos todavía permanecen cálidos muchos días después de haber cesado su respiración, especialmente en el área del centro del corazón. Por ejemplo, mi propio maestro Lama Lobsang Trinley y su hermano espiritual Lama Rinpal, pudieron anunciar la hora de su muerte a pesar de no tener enfermedad alguna, falleciendo en profunda absorción meditativa. El gran 16º Karmapa siempre se mantuvo alegre durante el final de su enfermedad, y muchos días después de su muerte su corazón permaneció cálido[41], desconcertando así a los médicos y científicos occidentales. Esto demuestra que puede existir todavía una conexión entre la mente y el cuerpo mucho después de lo que normalmente llamamos el fallecimiento.

Sin embargo para la mayoría de las personas, mientras nos separamos de nuestro cuerpo actual, nuestra mente sutil se vuelve más burda lentamente y somos impulsados hacia un nuevo renacimiento. Esto se aborda en las Enseñanzas del Bardo, siendo "el bardo" el término que describe un estado o proceso intermedio entre una vida y la siguiente. En este estado, nuestra conciencia resurge con la capacidad de sentir, percibir y reconocer las cosas nuevamente, pero sin el apoyo de un cuerpo físico. Después de un período de transición que se dice transcurre en alrededor de siete semanas, esta conciencia despierta por lo común, y renace una vez más en un nuevo cuerpo.[42]

Todos deseamos una muerte pacífica pero ello depende de cómo hayamos vivido nuestra vida. Es importante vivir una vida pacífica para desarrollar cualidades mentales buenas tales como la bondad amorosa, la compasión, el perdón y la tolerancia. A medida que nos acercamos a la muerte es extremadamente importante desarrollar estas cualidades, pues se trata de un momento muy poderoso en que tenemos una gran oportunidad para garantizar una muerte pacífica y un renacimiento auspicioso.

Prácticas para el momento de la muerte

Hay dos prácticas espirituales importantes que podemos emprender para lograr una muerte pacífica. La primera es una práctica de purificación más extensa que podemos realizar algún tiempo antes o en el momento de la muerte, si contamos con la energía para ello. La segunda práctica es un método muy especial y práctico que nos ayuda a lograr el renacimiento en un reino puro o en el cielo. Tal reino refleja las cualidades de seres iluminados y está libre de sufrimiento, ya que no existe la oportunidad de que allí surjan estados mentales aflictivos, y los seres que habitan ese reino poseen espontáneamente estados mentales sanos y percepción divina.

Sin embargo, ambas prácticas dependen de nuestra habilidad para desarrollar una mente tranquila y estable. Por ello, inicialmente es crucial aprender los fundamentos de la práctica de la meditación. Les daré una breve descripción de cómo meditar antes de describir estas prácticas importantes.

Aprendiendo a Meditar

Desafortunadamente, nuestras mentes suelen estar tan dispersas que es difícil mantener la atención en un objeto sin perder la concentración. Por consiguiente, es crucial aprender un método o una rutina para llevar la mente y el cuerpo a un estado de relajación, calma y alerta cuando así lo decidamos.[43] Iniciamos conociendo las posturas correctas de meditación.

Las cuatro posturas de meditación

Es posible meditar sentado, acostado, caminando o de pie, y cada una de estas posturas se pueden utilizar de manera formal o informal.

Para meditar sentado, es recomendable usar una silla cómoda y acolchada con respaldo recto, un taburete de meditación o un cojín de meditación. Las manos descansan juntas sobre el regazo o en los muslos, mientras que la espalda se mantiene erguida con la barbilla ligeramente hacia adentro. La mandíbula, lengua, hombros y abdomen están relajados, y los ojos se mantienen cerrados o entreabiertos mirando suavemente hacia abajo. Colocar la lengua detrás de los dientes superiores puede hacer que la mente esté más alerta, mientras que colocarla detrás de los dientes inferiores, te puede ayudar a lograr un estado más relajado y tranquilo.

Al acostarse, puedes tomar una posición boca arriba con los brazos a los lados y las manos abiertas, o del lado derecho con la mano derecha debajo de la cara, las piernas juntas con las rodillas ligeramente flexionadas y el brazo izquierdo descansando sobre el lado izquierdo de tu cuerpo. Para meditar caminando o de pié debes sostener tu mano derecha sobre la izquierda permitiendo que los brazos cuelguen naturalmente y asegurando una postura erguida pero relajada.

El método básico de meditación

Todos los tipos de meditación siguen el mismo método básico, y éste comienza relajando el cuerpo de manera consciente. Una buena forma de lograr esto es hacer algunos ejercicios de relajación gentil antes de meditar, tales como sacudir o masajear diferentes partes del cuerpo, o realizar estiramientos suaves de yoga. Luego, debes abandonar conscientemente todas las preocupaciones sobre el pasado y el futuro, resolviendo convertirte en alguien sin 'historia' mientras meditas. Después enfoca tu mente en la conciencia del momento presente, incluyendo tu respiración, la presencia física de tu cuerpo, las sensaciones de tu cuerpo, los sonidos que te rodean y el estado de tu mente, tomando nota de cómo todas estas cosas surgen y desaparecen.

Una vez tu atención permanezca estable puedes continuar enfocado en el momento presente, anclando tu conciencia en cómo
respiras a través de todo tu cuerpo, y dándote cuenta de sus fluctua-
ciones largas o cortas. Alternativamente, puedes dirigir tu atención
hacia un objeto de meditación específico tal como una visualización, sonido, la contemplación de un tema como la bondad amorosa, o la atención consciente y pura de tu respiración en el corazón o
en la punta de la nariz.

Es inevitable que surjan pensamientos y simplemente debes observarlos o notarlos a través del 'aspecto alerta' de tu mente, sin apegarte a ellos, para luego regresarlos suavemente al objeto de meditación. Los sonidos y otras sensaciones seguirán en el trasfondo; parte
de tu mente estará consciente de estas sensaciones pero no tienen
por qué perturbar tu atención plena si las observas simplemente sin
reaccionar. Al practicar de esta manera, eventualmente llegarás a un
estado en el que el cuerpo estará relajado, las emociones en calma y
la mente clara.

Al principio las sesiones breves y frecuentes son la mejor manera
de desarrollar un estado mental tranquilo y equilibrado. De esa forma, la práctica será agradable e interesante y seguro que notarás una
diferencia después de hacerla por algún tiempo. Un estado mental
calmado te permitirá sentir realmente el efecto de las dos prácticas
que siguen, y obtener una visión real de su verdadero significado.

Práctica de Purificación

La tarea más crucial en la preparación para la muerte es purificar nuestro
karma negativo. Esto requiere las cuatro condiciones que mencioné anteriormente: arrepentimiento, aplicación del antídoto, resolución e intensidad. Podemos lograr que esta práctica sea aún más poderosa con una visualización
en particular que los budistas llaman la práctica de Vajrasattva.[44] Vajrasattva
es una deidad blanca brillante que encarna la pureza, la compasión y el poder

de curar. Para aquellos con diferentes inclinaciones espirituales, es importante realizar esta práctica con el apoyo de lo que representa esta verdad para tí. Por ejemplo, puedes optar por visualizar a Jesús, una presencia amorosa en forma de luz blanca radiante, o quizá una imagen de la naturaleza como el sol brillando a través de una lluvia de luz.

Primero adopta una de las posturas de meditación descritas en párrafos anteriores, la que te sea más cómoda. Recuerda cualquier cosa que hayas hecho mal en esta vida y reconócelo abiertamente, al igual que todo el dolor que has aguantado por la razón que sea. También puedes admitir que has cometido muchos actos negativos durante numerosas vidas. Acto seguido, visualiza la forma de Vajrasattva (o lo que sea que represente esta verdad para ti) sobre tu cabeza, de color blanco como una luna traslúcida, adornado con joyas y sentado con las piernas cruzadas sobre una flor de loto blanca. Pide con sincera honestidad: "Ser Compasivo, por favor purifica todo mi karma negativo".

Después visualiza un néctar divino semejante a la leche imbuido de gozo, compasión y perdón emanando del corazón de Vajrasattva. Observa cómo el néctar va cubriendo cada poro de tu piel y cada célula de tu cuerpo eliminando todo tu karma negativo y todas las emociones dañinas. Toda la suciedad se lava y va saliendo por la parte inferior de tu cuerpo en forma de humo negro, tinta o sangre coagulada, y desaparece bajo el suelo. Luego, el néctar divino llena tu cuerpo lentamente, tornándose en algo similar al cristal, como si hubieses vertido leche en un vaso. Esto no es solo una visualización, sino algo que realmente puedes sentir a través de todo tu cuerpo.

Si encuentras que esta visualización es desafiante, otra forma de práctica es visualizar el calor del sol llenando gradualmente tu cuerpo, seguido de una lluvia suave llena de luz bañando tu piel, penetrando a través de todos tus músculos, huesos y órganos internos.Lo mejor es adoptar el tipo de práctica que mejor evoque una sensación de calma, gozo y resplandor en todo tu cuerpo.

Todos los días, tan frecuente como puedas, debes continuar con esta

Vajrasattva, la encarnación de la pureza
en la tradición budista tibetana.

visualización y tener la confianza de que has purificado tu karma negativo y tus emociones aflictivas. Eventualmente, cuando hayas purificado tu karma negativo lo suficiente, ya no tendrás miedo a la muerte ni
estarás plagado de arrepentimientos, abriéndote el camino hacia una
muerte pacífica y un precioso renacimiento. Te darás cuenta de que la
práctica está funcionando cuando sientas el néctar blanco, radiante y
gozoso llenando todo tu cuerpo y tendrás la convicción de que estás
purificado, como si te hubieran quitado un gran peso de los hombros.

¿Por qué Vajrasattva? En la tradición Budista, se dice que hubo una
vez un santo conocido como Vajrasattva que alcanzó la iluminación con
la aspiración de purificar el karma negativo de otras personas, lo que es
similar al Cristo muriendo en la cruz con el fin de purificar los pecados
del mundo. De esta manera, al hacer plegarias con el apoyo de Vajrasattva, o de Jesús si eres Cristiano, puedes ser especialmente poderoso.

Una Práctica para Renacer Libre de Sufrimiento

Si tenemos el deseo de renacer hermosos, ricos o poderosos puede lograrse ciertamente si estamos equipados con un método para purificar nuestro karma, y tenemos la aspiración de renacer de este modo. Sin embargo, el renacer como alguien hermoso, rico o poderoso no garantiza que estaremos libres de sufrimiento en nuestras vidas futuras.

Si realmente deseamos estar libres del sufrimiento, es mejor aspirar a renacer en una tierra pura o en un reino celestial. Existe toda una escuela de Budismo (Budismo de la tierra pura) que enfatiza el adiestramiento de la mente con esta aspiración. De este modo, según nos vayamos acercando al momento de la muerte, podremos estar confiados y familiarizados con la transición hacia un renacimiento en el reino puro llamado Sukhavati. Aunque estas enseñanzas se originan en las escrituras budistas y se remontan a muchos siglos atrás, éstas no son anticuadas ni mucho menos constituyen meros dogmas. Incluso hoy en día estas prácticas han sido confirmadas una y otra vez a base de la experiencia directa de practicantes altamente realizados que al morir frecuentemente se acompañan de señales milagrosas. De hecho, muchas veces, he sido testigo personal de estos acontecimientos en el Tíbet. Para dar un ejemplo, en una ocasión una mujer de mi aldea que estaba muriendo de cáncer de garganta me dijo que había tenido miedo a la muerte durante algunas semanas hasta que un día tuvo ante sí una visión del Buda rojo Amitabha. A partir de ese momento perdió el miedo a morir por completo, se sintió feliz, cómoda, y sin preocuparse del dolor físico en absoluto.

Al practicar la meditación para familiarizarnos con el reino de Sukhavati diligentemente, crearemos las condiciones para una muerte sin miedo, pacífica y gozosa confiando en que tendremos un nuevo y maravilloso renacimiento. Por favor, toma en cuenta que esta práctica no es solo para budistas. Si tienes una fe fuerte en Dios o en un gran ser como Jesús, esto es Sukhavati para tí, y por ende, la práctica seguirá siendo efectiva.

Buda Amitabh

¿Por qué el cielo de Sukhavati es tan especial? Así como Vajrasattva dedicó su iluminación para purificar nuestro karma negativo, se dice que un bodhisattva o un gran ser conocido como Amitabha, aspiró en una ocasión a liberar a las personas del sufrimiento en el momento de la muerte. A través de su propia iluminación creó la tierra pura de Sukhavati. Esto no significa que él construyó este lugar, sino más bien que dedicó océanos de karma positivo para manifestar un reino puro, en el cual las personas podrían renacer si sus aspiraciones fueran verdaderamente genuinas.

Si renacemos en un reino puro entonces somos perfectos de forma innata. Esto significa que de forma natural manifestamos cualidades mentales supremas, muy superiores de hecho a las cualidades que he descrito en este libro. En particular, tenemos devoción, diligencia, memoria suprema, clarividencia, concentración, compasión y sabiduría. Nacemos así como un ser física y mentalmente perfecto imbuidos de un aire divino. Aunque todavía tengamos ciertas propensiones, no hay oportunidad de que las emociones negativas o los malos hábitos nos dominen debido a que las condiciones externas son bendecidas por el poder divino del Buda Amitabha. Por ejemplo, no hay nadie que provoque discusiones y no hay condiciones ambientales que conduzcan a ningún tipo de decadencia, sufrimiento o emociones negativas. Por consiguiente, todo nuestro karma se purificará naturalmente y nunca más volveremos a nacer en un reino impuro a menos que sea por nuestra propia elección. Verdaderamente seremos libres.

¿Cómo llegamos al reino puro de Amitabha? Las enseñanzas hablan de cuatro condiciones que son muy simples y efectivas. Ten en cuenta que esta es una práctica extraordinariamente valiosa y poderosa. Es extremadamente raro encontrar esta enseñanza y tener la fortuna de poner en práctica este conocimiento.

1. Aspiración Genuina

Debes tener una intención verdadera y un deseo genuino de renacer en Sukhavati. Normalmente pensamos en el deseo como un obstáculo para una muerte pacífica; sin embargo aquí tenemos una oportunidad única de usar esta emoción para aspirar a renacer en Sukhavati. Como seres humanos, generalmente estamos controlados por el deseo, pero ahora tenemos la oportunidad de dirigir este anhelo para alcanzar el reino puro de Amitabha.

2. Familiarización

Necesitas estar familiarizado con el reino puro, y especialmente, con la forma de Amitabha quien es como un portal, para entrar a Sukhavati. Por lo tanto se sugiere realizar una práctica de visualización ya sea con el Buda Amitabha o cualquier imagen divina con la que sientas una gran conección en tu corazón, adoptando una de las meditaciones formales descritas previamente.

Tradicionalmente, Amitabha se representa de color rojo rubí, como una montaña de rubíes que brilla a la luz de mil soles. Lleva la sencilla túnica de un monje, sentado con las piernas cruzadas y las manos en posición de meditación (la mano derecha sobre la izquierda descansando en el regazo). El color rojo simboliza el deseo humano. De esta manera, el Buda Amitabha se manifiesta para liberarnos a través del deseo de renacer en Sukhavati. Tradicionalmente, su forma se visualiza sobre la coronilla de nuestra cabeza o frente a nosotros al nivel de tu frente. Normalmente la imagen es mucho más grande que el tamaño de un ser humano, incluso tan grande como una montaña, aunque puede ser de cualquier tamaño con el que te sientas cómodo. Entonces puedes imaginar una bondad amorosa inconmensurable que se extiende desde el corazón de Amitabha en forma de luz roja o rosa que se conectándose con todos los seres vivos del universo.

Si esta visualización no te resulta fácil, otra forma alternativa es imaginar una rosa roja en el centro de tu corazón abriendo sus pétalos lentamente e irradiando una suave luz roja o de color rosa ,por todas las partes de tu cuerpo. Luego puedes visualizar esta luz como una esfera que se expande gradualmente más allá de tu cuerpo, haciendo conexión nuevamente con cada ser vivo.

Es excelente si puedes mantener esta visualización clara en tu mente, fortaleciéndola con una práctica constante. Todos los días debes hacer esta visualización, tan frecuentemente como puedas una y otra vez, hasta que estés familiarizado con la práctica al punto de que puedas sentir la presencia de Amitabha. Es importante sentir una cercanía o un fuerte sentido de conexión con Amitabha. Sin embargo, si encuentras esta visualización un poco desafiante, simplemente impregna tu mente con su color rojo rubí y su extraordinario amor y compasión hacia tí y todos los seres. Finalmente, cuando visualizamos no estamos solo inventando algo como cuando imaginamos una pieza de madera que se convierte en oro; más bien, estamos tratando de ponernos en contacto con una realidad más profunda.

También es bueno familiarizarse con algunas de las características únicas de Sukhavati[45] que se describen con gran detalle en varios
textos budistas. Según he mencionado antes, en éste reino no hay
ninguna oportunidad de que surjan aflicciones mentales porque el
medio ambiente y sus habitantes son de naturaleza pura semejante.

3. Acumulación de Méritos

También debes hacer el esfuerzo de realizar buenas acciones y desarrollar cualidades mentales saludables tanto como puedas. Se amable con los demás, evita la ira, los celos, aprende a perdonar y a dejar
ir todo aquello a lo que estás apegado. Recuerda que deseas tratar
de transformar tu mente para poder renacer en Sukhavati. Además,
realiza plegarias para renacer en esta tierra pura en beneficio de todos los seres vivos, porque cuando renazcas allí tendrás mucha más
libertad y capacidad para beneficiar a otros, poseyendo ciertos po-
deres divinos que están más allá de nuestra comprensión habitual.
Cultiva el mérito y las buenas acciones a lo largo del día, evitando
las acciones negativas. Cada mañana verifica tu motivación, tomando la decisión de ser amable y compasivo en lugar de estar motiva-
do por tu interés propio. Decide no desperdiciar el día, sino usarlo
sabiamente para acumular méritos con la aspiración de renacer en
Sukhavati. Cada noche reflexiona sobre tus acciones. Sé consciente
de tanto tus acciones sanas como de las malsanas, dedica y regocí-
jate de tus buenas acciones en beneficio de los demás, y resuelve no
repetir nunca más actos negativos en el futuro.

4. Dedicación

Debes dedicar todo lo bueno que hayas hecho a lo largo de tu vida,
así como los océanos de buenas obras realizadas por otros que co-
nozcas o puedas imaginar con el propósito de alcanzar un renacimiento celestial. Dedicando las buenas acciones de los demás, así

como la nuestra, aumentará la fuerza de tu aspiración. Siempre que realices una buena acción, dedícala con una oración sincera, deseando genuinamente renacer en el reino de Sukhavati por el bien de los demás. Piensa internamente: "que pueda dedicar mis virtudes junto a las virtudes de todos los seres sensibles para poder renacer en Sukhavati y beneficiar a todos los seres"; "que pueda dedicar estas virtudes para disipar todos los obstáculos en lograr esta práctica". "Que pueda dedicar estas virtudes para que todos los seres tengan la buena fortuna de conocer y practicar estas enseñanzas".

Asegúrate de no dedicar tus buenas acciones a un futuro renacimiento con buena salud, belleza, riqueza, posición, etc. Estas cualidades son limitadas y se desvanecen. Si dedicas tu aspiración para renacer en el reino de Sukhavati, descubrirás estas y muchas otras cualidades ilimitadas que verdaderamente trascienden tu imaginación.

La vida después de la muerte

¿Qué sucede cuando morimos, si nos hemos adiestrado bien y genuinamente en la práctica de Amitabha? Las enseñanzas hablan de haber nacido milagrosamente de una flor de loto, tener la experiencia de haberse fusionado con una luz cálida e ilimitada, ver el rostro de Amitabha directamente o sentir su presencia amorosa. Podríamos recibir una profecía sobre nuestra propia iluminación, o ser guiados por seres iluminados hacia nuestro renacimiento.

Si nos familiarizamos y desarrollamos una fe fuerte en Amitabha, entonces podremos verlo directamente antes de la muerte y esta experiencia directa eliminará por completo nuestro miedo a morir. Aunque esto pueda parecer increíble, no se trata de una mera superstición. En mi provincia en el Tíbet conocí a personas que alguna vez tuvieron una vida ocupada sin tiempo para concentrarse en la práctica espiritual, pero luego se enfocaron en la meditación del Buda Amitabha. A medida que se acercaban a la vejez y la muerte muchos de ellos tuvieron visiones de Amitabha, por lo que desarrollaron seguridad y felicidad. Cada uno de ellos experimentó una muerte pacífica, sin miedo e indolora. Presencié directamente estos hechos hace solo unos años atrás, no es solo un cuento.

¿Todo esto se aplica a los occidentales? ¡Definitivamente! Aquellos que han pasado por una experiencia cercana a la muerte a menudo hablan de sentirse atraídos hacia una luz para luego ser envueltos por ella,[46] y sentir la presencia de amor incondicional. Me interesó particularmente leer que Elizabeth Kubler-Ross,[47] famosa por su trabajo con personas moribundas, describe una experiencia muy similar en su autobiografía poco antes de su propia muerte. Recuerda haber dejado su cuerpo, haber visto frente a ella muchas flores de loto increíblemente hermosas, así como una luz, sabiendo que tenía que llegar hasta una enorme flor de loto en particular para fusionarse con su luz y su amorosa presencia. Luego de esta experiencia, ella perdió todo su miedo a la muerte:

> *"Morir no es algo que haya que temer. Puede ser la experiencia más maravillosa de tu vida. Todo depende de cómo hayamos vivido".*[48]

Esto es de muchas formas, similar a la experiencia de los practicantes de Amitabha en el Tíbet. Aunque ella no mencionó haber visto un ser de color rojo rubí, no es necesario que los detalles específicos sean idénticos ya que nuestra percepción depende de cómo hemos adiestrado la mente. Lo crucial es que reconozcamos la necesidad de vivir como un buen ser humano con una fe fuerte y compasiva, ganando la confianza inquebrantable de que tendremos una muerte pacífica y sin miedo.

Incluso si no nos hemos familiarizado tanto con la práctica de Amitabha o simplemente no podemos relacionarnos con ella, debemos recordar que todas las enseñanzas espirituales hablan de la posibilidad de la vida después de la muerte. En la tradición Tibetana, hay evidencia abundante que sugiere que esto no es solo una creencia basada en la fe ciega. Uno de los ejemplos más reveladores es el Dalai Lama, cuya encarnación actual es Tenzin Gyatso también conocido como Su Santidad el decimocuarto Dalai Lama. Fue reconocido a una edad temprana como la encarnación del decimocuarto Dalai Lama mediante un proceso de examen riguroso que incluyó, entre otras cosas, probar si podía reconocer objetos personales de su vida previa. Además, progresó en sus estudios a un ritmo inusualmente rápido comparado con otros monjes, lo que sugiere una gran cantidad de 'habilidad espiritual' innata. Además, al final de cada vida Su Santidad da una indicación de dónde renacerá en su próxima vida, mostrando que tiene el control mental suficiente para elegir las circunstancias de su renacimiento, y que su profundo compromiso con el bienestar del pueblo tibetano es una promesa que continuará por muchas vidas.

De manera similar, existen muchos casos de Tulkus o reencarnaciones tibetanas reconocidas, que eligen regresar vida tras vida para continuar el trabajo en su monasterio, o incluso en el extranjero sean cuales sean sus aspiraciones. No solo se les reconoce mediante pruebas específicas y la interpretación cuidadosa de 'signos', sino que muchos de ellos también tienen la habilidad de recordar eventos claves de sus vidas pasadas, de la misma manera que podemos rememorar cosas que nos acontecieron durante nuestra infancia.

Este fenómeno definitivamente no se limita a los Tibetanos. En tiempos recientes bastantes occidentales han sido reconocidos como reencarnaciones de lamas Tibetanos.[49] De la misma manera, existe actualmente un número impresionante de informes de casos reportados de personas occidentales con habilidades notables para recordar lo que parece ser sus vidas pasadas. Algunas de sus historias se correlaciona casi exactamente con evidencia histórica de una época en particular o una situación específica, revelando hechos que simplemente no podrían haber sido recopilados por medios fraudulentos. Por ejemplo, hay muchos casos documentados de niños pequeños que pudieron identificar casas y familiares de su vida anterior,[50] recordando nombres e incidentes que fueron confirmados por quienes aún viven en estos lugares.

Básicamente, hay dos tipos de renacimiento. En primer lugar, existe un renacimiento por elección donde podemos desarrollar un alto grado de control mental para renacer entre personas o situaciones donde podemos ayudar a otros de manera efectiva, tal como lo lleva a cabo Su Santidad el Dalai Lama. Luego hay un renacimiento bajo el control del karma, en cuyo caso somos arrastrados por el poder de nuestras acciones previas a una nueva existencia, determinada por nuestras emociones y karma.

Sin embargo, renacer en el reino de Sukhavati nos permite evadir esta reacción kármica en cadena. Significa que nunca más volveremos a renacer en el reino humano, o en cualquier otro reino, a menos que así lo decidamos. Por lo tanto, esta enseñanza es extremadamente preciosa, ya que puede ayudarnos a escapar del ciclo de muerte y renacimiento incontrolados, de una vez por todas.

Epílogo

No escribí este libro con el mero propósito de entretenerte. Más bien, refleja mi deseo más sincero de que tengas una referencia útil disponible en cualquier momento de tu vida. Espero que lo uses cuando estés enfrentando dificultades o tengas que tomar decisiones importantes, o simplemente cuando quieras tomarte un tiempo para reflexionar acerca de tu vida actual.

Por esta razón, te exhorto a que no guardes este libro en una estantería después de leerlo, donde solo acumulará polvo. Mejor, guárdalo en un lugar que esté a tu alcance. Reflexiona una y otra vez acerca de su contenido y aplica la sabiduría que obtengas en tu vida cotidiana. Discute las ideas de este libro con tu pareja, tus familiares o tus amigos. No aceptes estas enseñanzas con fe ciega. Mejor ponlas en práctica y confirma tu mismo si son efectivas, tal como el científico pone a prueba las teorías en sus experimentos. Además, no estimes que algunas de las secciones de este libro son obvias y por tanto no merecen mayor reflexión. Frecuentemente, experimentamos situaciones conflictivas en ciertas áreas de nuestras vidas precisamente porque no reflexionamos acerca de asuntos que suelen considerarse obvios.

Lo ideal es poder aplicar todos los principios que aprendas a cada situación que vivas y después corroborar qué tan bien funcionó y si podría hacerse mejor en la próxima ocasión. Continúa haciendo esto una y otra vez, y renueva tu compromiso de practicar las cualidades saludables todos los días, sobre todo la bondad y la gratitud. Aun cuando ciertas ideas te puedan parecer obvias, recuerda que hay una gran diferencia entre tener el conocimiento y comprenderlo verdaderamente. Tal vez puedas tomar de quince a veinte minutos todos los días para comenzar un ritual de autorreflexión, o con mayor regularidad -a lo largo del día- si te es posible hacerlo. Mediante esta práctica podrás internalizar la sabiduría de este libro y aplicarla a cada situación en la que te enfrentes. Una vez que hayas adquirido la habilidad de la práctica y el desarrollo de cualidades mentales saludables, podrás gradualmente experimentar el gozo supremo que adviene como resultado de los niveles más profundos de felicidad.

En la etapa de la niñez, todos queremos sentirnos bien y tener confianza en nosotros mismos. En las etapas de la adolescencia y de adultos jóvenes, queremos conocer los secretos para tener éxito en nuestras carreras y relaciones. A medida que vamos envejeciendo, queremos aprender a vivir una vida más significativa y gratificante, enfrentando los cambios y desafíos de la mejor manera posible. Finalmente, a medida que nos acercamos al final de nuestras vidas, queremos saber cómo prepararnos para una muerte pacífica. En cada una de éstas etapas, podemos aprender a identificar y cultivar las condiciones que nos conducen a la felicidad, según aplique a nuestra situación.

No obstante, te exhorto a que no te limites a estudiar aquellos capítulos que te apliquen a etapa de la vida en que te encuentres ya que posiblemente encuentres sabiduría aplicable a alguna situación de tu vida en otros capítulos. Por tanto, aun si eres un adulto mayor y estás jubilado, es posible que encuentres sabiduría aplicable el capítulo acerca de la adolescencia o adultos jóvenes. Si eres joven también encontrarás sabiduría en los últimos capítulos del libro, que pueden ayudarte a prepararte para tu futuro, dándote ideas de cómo lidiar con los desafíos futuros. Por lo tanto, todos los capítulos pueden serte útiles en cualquier momento.

Imagínate en un momento futuro siendo muy amado y respetado por tu comunidad local. Eres sabio, generoso y lleno de confianza; siendo capaz de brindar un gran beneficio a las personas que te rodean, y lleno de satisfacción y felicidad verdadera en cada momento de tu vida. Del punto de vista budista, así será tu vida si comienzas a cultivar las causas de la felicidad, ya sea ahora, más adelante en esta vida o en una vida futura. El Buda dijo: "Lo que eres es lo que has hecho, lo que serás es lo que haces ahora." Desde esta perspectiva, podríamos pensar que este libro es una guía para lograr la felicidad durante muchas vidas, no solo en esta vida. Entonces, si tomaste algunas malas decisiones cuando eras adolescente, ¡quizás la próxima vez seas un poco más sabio!

Desde hace años, tenía el deseo de escribir un libro como este, pensando que hubiera sido muy útil tener esta guía cuando era más joven. Además, reconocí que muchos de los problemas que enfrenté en el Tíbet son los mismos que los occidentales enfrentan, y que las causas de la felicidad son idénticas, independientemente de dónde venimos, cuántos años tenemos o cuánta riqueza hemos acumulado. Además, descubrí que en occidente tenemos un sistema educativo que enfatiza la inteligencia, el peritaje y la productividad, sin darle el debido énfasis al aprendizaje de manejo de las emociones y toma de decisiones sabias; dejándolo así a la casualidad. Además, parece que hoy en día no existe la 'cultura de la sabiduría', y las personas rara vez tienen la oportunidad de discutir los grandes cuestionamientos de la vida. Espero que este libro contribuya un poco a cerrar algunas de estas brechas.

Por último, tengo tres consejos finales que deseo darte. En primer lugar, insto a que nunca busques la felicidad dependiendo de otras personas. En segundo lugar, te animo a que trates de hacer todo lo posible para beneficiar a los demás. Finalmente, te solicito que recuerdes que, casi siempre, la felicidad depende de ti solamente y que ésta depende siempre de cuánta gratitud y aprecio tengas en tu corazón. Mi más sincero deseo es que comprendas profundamente el significado de este libro y te inspires a aprovechar esta vida humana preciosa al máximo. Hago plegarias para que este libro ayude a guiarte hacia una vida valiosa, significativa y más feliz.

Recapitulación de Ejercicios

El método básico de la meditación

Todos los tipos de meditación siguen el mismo método básico, que comienza relajando el cuerpo de manera consciente. Una buena forma de lograrlo es haciendo varios ejercicios gentiles de estiramiento antes de meditar, tales como sacudir o masajear diferentes partes del cuerpo, o realizar estiramientos de yoga. Luego, de forma consciente debes abandonar todas las preocupaciones sobre el pasado y el futuro, resolviendo convertirte en alguien sin 'historia' mientras meditas. Enfoca tu mente en la atención y conciencia plena del momento presente, incluida tu respiración, la presencia física de tu cuerpo, sus sensaciones, los sonidos que te rodean y el estado de tu mente, notando cómo todas estas cosas surgen y desaparecen.

Una vez tu atención consciente esté bien establecida, puedes continuar enfocándote en el momento presente, anclado en tomar consciencia de la respiración a través de todo tu cuerpo y observando si tu respiración es larga o corta. Alternativamente, puedes cambiar tu atención hacia un objeto de meditación específico, tal como una visualización, un sonido, la contemplación de un tema como la bondad amorosa, o la conciencia pura de la respiración: en la sensación de entrada y salida del aire en la punta de tu nariz.

Es inevitable que surjan pensamientos, por lo que simplemente debes observarlos o notarlos con el 'aspecto alerta ' de tu mente sin apegarte a ellos para luego regresar gentilmente al objeto de meditación. Los sonidos y otras sensaciones seguirán en el trasfondo y una parte de tu mente estará consciente de estas sensaciones. Si puedes observarlas simplemente sin reaccionar, éstas no tienen por qué perturbar tu atención plena. Al practicar de esta manera, eventualmente llegarás a un estado en el que el cuerpo estará relajado, las emociones en calma y la mente clara.

Al principio, las sesiones cortas y frecuentes son la mejor manera de desarrollar un estado mental tranquilo y equilibrado. De esa forma, la práctica será agradable e interesante y de seguro notarás una diferencia después de realizarla durante algún tiempo. Un estado mental tranquilo te permitirá sentir realmente el efecto de las dos prácticas que siguen y obtener una visión real de su verdadero significado.

Reflexión: tomando decisiones

Piensa en las decisiones importantes que hayas tomado recientemente. ¿Cómo las tomaste? ¿Le pediste consejo a otras personas que tienen mucha experiencia en la vida? ¿Consideraste minuciosamente todas las consecuencias de tu decisión? ¿Fueron tus expectativas realistas o poco realistas? ¿Consideraste el peor de los escenarios? ¿Tenías planes de respaldo? ¿Fuiste completamente honesto contigo mismo o tomaste la decisión porque querías impresionar a alguien? ¿Tomaste en cuenta todas las opciones posibles?

Ahora piensa en las decisiones que estés a punto de tomar. De nuevo, toma en cuenta lo antes mencionado, asegurando considerar todas tus opciones cuidadosamente. Ahora siéntate erguido con la columna recta, relaja tu cuerpo, respira profundamente unas cuantas veces y aclara tu mente. Si eres honesto contigo mismo, ¿cuál es la mejor decisión?

Ejercicio: reflexionando sobre tu día

Reserva unos quince minutos cada mañana y cada noche. Cada mañana, revisa tu actitud antes de comenzar el día. ¿Apreciaste que estabas vivo esta mañana, viviendo en un país donde las condiciones hacen que sea tan fácil vivir? ¿Estás determinado a usar este día sabiamente y practicar la compasión siempre que puedas, siendo fiel a tus valores más profundos? En tu trabajo y tus relaciones, ¿ estás dispuesto a ser paciente si las cosas no salen como esperabas?

Por la noche, reflexiona sobre el día que acaba de pasar. Piensa en las personas con las que hablaste, los lugares que visitaste y las cosas buenas y malas que sucedieron. ¿De qué puedes estar agradecido? Puedes escribir una lista de cinco a diez cosas en un 'diario de gratitud'.

Siéntate con la espalda recta, relaja todos los músculos y respira profundamente unas cuantas veces. Trata de descansar en un sentimiento natural de satisfacción y contento pensando en cómo puedes hacer que el día siguiente sea verdaderamente significativo y valioso.

Ejercicio: aprender de la experiencia de la vida

Hasta ahora hemos acumulado bastantes experiencias de vida y podemos aprender lecciones muy valiosas, si reflexionamos profundamente en lo que la vida nos ha enseñado. Esto incluso puede hacernos reevaluar algunas de nuestras prioridades.

Primero, trae a la mente a una persona con la que tuviste una relación en el pasado. Esta no tiene por que ser necesariamente una pareja, puede ser un amigo, un padre o quizá alguien en el trabajo. ¿Cuál fue tu motivación para estar en la relación? ¿Funcionó como esperabas? ¿Cuán exitoso fuiste superando dificultades? ¿Qué tan abierta fue tu comunicación? Si hubo un período de gran dificultad, puedes escribir lo que recuerdes; esto puede ayudarte a aceptar el pasado y seguir adelante.

Luego, recuerda un trabajo que hayas tenido en el pasado y hazte preguntas similares. ¿Cuál fue tu motivación para hacer este tipo de trabajo? ¿Qué más aprendiste de tus experiencias?

Ahora mira tu situación actual. Pregúntate: ¿Cómo puedo aplicar las lecciones que he aprendido? ¿Cómo puedo vivir mi vida de la manera más sabia posible?'

Siéntate erguido con la columna recta con las manos en el regazo, tensa el cuerpo y luego relájate por completo. Pregúntate honestamente si hay algo que quieras cambiar en esta etapa de tu vida y luego piensa cómo puedes hacer que ésto suceda.

EJERCICIO: REFLEXIONA SOBRE LA IMPERMANENCIA

Trae a la mente algunas de las pérdidas y cambios que hayas experimentado a lo largo de tu vida y contempla los siguientes pensamientos:

- Lo que nace envejecerá y morirá.
- Lo que se ha reunido se separará
- Lo que ha sido acumulado se agotará
- Lo que se ha construido se derrumbará.

Todo está cambiando siempre: la amistad y enemistad, la fortuna y tristeza, y todos los pensamientos que pasan por nuestra mente.

Recuerda que la impermanencia simplemente es la verdad de la vida, y por lo tanto, lo único que realmente tenemos es el momento presente. ¿Cómo te podría asistir este entendimiento para ayudarte a sobrellevar la pérdida de un ser querido? ¿Cómo podría cambiar tu perspectiva sobre los diferentes tipos de pérdidas que enfrentamos: la pérdida de seres queridos, la pérdida de un trabajo, la pérdida de todo lo que apreciamos. También puede ser útil recordar que los cambios no necesariamente conducen al infortunio; a veces pueden beneficiar enormemente, aunque esto no sea evidente al principio.

Reflexiona sobre todas estas preguntas, siéntate con la espalda recta, siente que tu cuerpo se relaja y respira profundamente unas cuantas veces. ¿Qué lecciones te brinda la verdad de la impermanencia?

Notas

Capítulo 1: Introducción a la felicidad

1. Para una presentación sencilla del concepto Budista sobre la iluminación y cómo podemos seguir el sendero que nos lleve a la misma, vea: Shar Khentrul Jamphel Lodrö, Develando tu Verdad Sagrada: un descubrimiento gradual de la iluminación a través de la tradición Jonang-Shambala Kalachakra (Melbourne: Instituto Rimé Budista Tibetano 2015).

2. Ver: Martin Seligman, Authentic Happiness (La felicidad auténtica) (Sydney: Random House, 2002).

3. El tema sobre un 'punto fijo de felicidad' fue abordado principalmente en una conferencia celebrada en el 2004 con la participación de varios científicos occidentales y el Dalai Lama. Dicha conferencia versó sobre el nuevo y apasionante campo de la 'neuroplasticidad' compilado en: Train Your Mind, Change Your Brain, (Entrena tu mente, cambia tu cerebro) Sharon Begley (Nueva York: Ballantine Books 2007), 226-9. Este tema también lo analiza Norman Doidge en, The Brain that Changes Itself (El Cerebro que se cambia a sí mismo) (Nueva York: Viking, 2007).

4. Varias perspectivas sobre la felicidad de los filósofos occidentales están bellamente descritas en términos laicos por: Alain de Botton en Consolations of Philosophy (Las consolaciones de la filosofía) (Londres: Penguin Random House, 2001).

5. Se puede encontrar una guía práctica sobre la terapia cognitiva en Feeling Good: the New Mood Therapy (Sentirse bien: una terapia nueva para los estados de ánimo) del autor David Burns,(Nueva York: Avon Books, 1999).

6. Vea: P. Brickman, D. Coates y R. Janoff-Bulman, "Lottery winners and accident victims: is happiness relative?" "Ganadores de lotería y víctimas de accidentes: ¿es la felicidad relativa"Journal of Personal and Social Psychology, (Revista de Psicología Personal y Socia)l 36 (1978): 917-27.

7. Vea: T. Elbert, C. Pantev, C. Wienbruch, B. Rockstroh y Elbert C. Pantev, C. Weinbruch, B. Rockstroth, and E. Taub,. "Increased cortical representation of the fingers of the left hand" (Aumento de la representación cortical de los dedos de la mano izquierda en músicos de cuerda", Ciencias 270 (1995): 305-7.

8. Véase: A. Lutz, L.L. Greischar, N.B. Rawlings, M. Ricard y R.J. Davidson, Los meditadores a largo plazo autoinducen sincronía gamma de elevada amplitud durante la práctica mental', Procedimientos de la Academia Nacional de Ciencias 101 (2004): 16369-73

9. Vea nuevamente: Sharon Begley, Entrena tu mente, cambia tu cerebro: supra, 226-9.

Capítulo 2: Explorando las condiciones de la felicidad

10. El fenómeno del 'flujo' ha sido bien investigado por los psicólogos: vea M. Csikszentmihalhyi, Finding Flow; the Psychology of Engagement With Everyday Life (Basic Books, 1998) (Encontrando el flujo: la psicología del compromiso con la vida cotidiana (Basic Books, 1998). Desde un punto de vista budista, esto es similar a alcanzar un estado de concentración unifocal - aunque éste es un estado mental feliz y dichoso, no equivale al nivel más profundo de felicidad.

11. El campo de la psicología positiva enumera seis virtudes o fortalezas clave que resultaron ser comunes en casi todas las tradiciones: sabiduría, valor, amor, humanidad, justicia, templanza y trascendencia (o espiritualidad). El trabajar para mejorar las cualidades virtuosas de una persona se considera actualmente como una forma importante de psicoterapia. Vea: Martin Seligman, Authentic Happiness; 125-61 (La felicidad auténtica:) 125-61.

12. Ver: Tal Ben-Shahar, Even Happier: A Gratitude Journal for Daily Joy and Lasting Fulfillment (Más feliz aún: un diario de gratitud para tu realización)(Nueva York: McGraw-Hill, 2010): 9-11.

13. Este es el principio básico de un tipo de psicoterapia conocida como TAC (Terapia de Aceptación y Compromiso). Esta utiliza tareas de plena atención para abordar directamente el problema de la evasión de experimentación, en la cual complicamos nuestro sufrimiento luchando con pensamientos y sentimientos no deseados, reviviendo a su vez eventos dolorosos. Al mismo tiempo, nos enfocamos en crear una vida plena y valiosa. Aunque reducir los síntomas de un paciente no es el objetivo de la terapia, casi siempre se reducen como

efecto resultante. Ver: Russel Harris, "Embracing Your Demons: an Overview of Acceptance and Commitment Therapy". Psychotherapy in Australia (Abrazando a tus demonios: una reseña de la terapia de aceptación y compromiso. psicoterapia en Australia) 12 (4): 2-8.

14. El enfoque de tomar conciencia o conocimiento sobre nuestras tendencias negativas ha sido el pilar de la psicoterapia occidental durante muchos años. La terapia cognitiva busca ayudarnos a identificar nuestros patrones de pensamiento momento a momento, para luego buscar las suposiciones ocultas que subyacen a estos pensamientos. El psicoanálisis, por su parte, habla de 'mecanismos de defensa' tales como la negación, la represión o la actuación, que bloquean las dolorosas experiencias pasadas. La conciencia y la comprensión de estos patrones pueden ayudarnos a aceptar el pasado y seguir adelante.

Capítulo 3: Infancia - sembrando las semillas de la felicidad

15. La psicología moderna sostiene la opinión de que los padres tienen un papel crucial en sembrar semillas en la mente de sus hijos, aun sin que ellos lo sepan. Incluso se ha dicho que los niños pueden 'grabar' mensajes de los padres o que los padres pueden hipnotizar a sus hijos (Ver: Steve Biddulph, The Complete Secrets of Happy Children (Los secretos completos de los niños felices)Sydney: Harper Collins, 1998]). Se espera que discutir temas importantes como los que se abordan en estas historias ayude a crear un entorno familiar propicio para que los niños reciban mensajes positivos.

16. "La Historia de la Amistad y La Historia de la Conciencia" están adaptadas de historias de la vida de Buda según presentadas en: Tich Nhat Hanh, Old Path White Clouds: Walking in the Footsteps of

the Buddha (Camino viejo nubes blancas: tras las huellas del Buda.
(Berkley: Parallax Press, 1991).

Capítulo 4: Adolescentes - estableciendo la dirección correcta

17. Tal Ben-Sahar habla de tres temas cruciales al considerar elegir una carrera o comprometerse con cualquier tipo de meta: fortalezas, placer y significado. Deberíamos preguntarnos: ¿cuáles son nuestras fortalezas? ¿Qué nos da placer y qué nos da sentido? También sugiere escribir lo que realmente te gustaría hacer (algo que surge de un profundo sentido de convicción personal o fuerte interés) luego verificar si ello está influenciado de alguna manera, por las expectativas de los demás. Si realmente quieres hacer algo, en última instancia no importa lo que piensen los demás. Véase: Ben-Sahar, Happier: Learn the Secrets to Daily Joy and Lasting Fulfillment (Practicar la felicidad: un diario gratificante para tu realización) (Nueva York: McGraw Hill, 2007): 103-105.

18. En la tradición tántrica budista hablamos de un sistema psicofísico dinámico dentro de nuestros cuerpos, que se puede percibir directamente después de muchos años de entrenamiento yóguico. Si pensamos en el cuerpo humano como una ciudad, entonces los canales son sus carreteras, el aire interior es como un caballo y la mente es como su jinete (visualizados como esencias sutiles en lugares particulares del cuerpo). Para una explicación más detallada, Consulta a: Sogyal Rinpoche, El Libro Tibetano de la Vida y de la Muerte (Sydney: Random House, 2002), 252-3.

Capítulo 5: La edad adulta temprana: una segunda oportunidad para desarrollar sabiduría

19. La psicología moderna también conviene en que es crucial tener una visión madura del amor romántico. Vea: Happier: Learn the Secrets to Daily Joy and Lasting Fulfillment, (supra) (Practicar la felicidad: un diario gratificante para tu realización), (111-22).

20. El grado de inteligencia emocional que tienen las parejas es un factor clave para mantenerlos juntos y fortalecer su relación, y según John Gottman esta es una habilidad que puede ser aprendida. Esto incluye: aprender a enfocarse en las cualidades positivas de cada uno, interactuar con frecuencia y abiertamente, compartir valores e intereses y resolver conflictos de manera madura, siempre dispuestos a negociar. Véase: John Gottman y Nan Silver. The Seven Principles for Making Marriage Work (Los siete principios para hacer que el matrimonio funcione) (Nueva York: Random House, 2000). Para obtener una guía práctica sobre la inteligencia emocional, consulta también a: Jeanne Segal, El lenguaje de la inteligencia emocional: las cinco herramientas esenciales para construir relaciones poderosas y efectivas (Nueva York: McGraw Hill, 2008).

21. En la actualidad existen muchos estudios en el campo emergente de la medicina cuerpo-mente, que analizan el vínculo entre una mente en paz y un cuerpo sano. Para una discusión práctica sobre la relación entre el estrés y los estados de enfermedad, véase: Craig Hassed, Know Thyself: the Stress Relief Program (Conócete a ti mismo: el programa de alivio del estrés). (Melbourne: Michelle Anderson Publishing, 2006, 18-22, y las referencias mencionadas en el mismo.

22. En la tradición budista tibetana, la forma más elevada de compasión se conoce como bodichita, el deseo altruista de alcanzar la iluminación para guiar a todos los seres sintientes hacia la iluminación. Ver además,Shar Khentrul Jamphel Lodro Unveiling Your Sacred Truth (supra) (Develando tu Verdad Sagrada).

23. Del Digha Nikaya, Los Largos Discursos del Buda (DN 31).

CAPÍTULO 6: LA EDAD MEDIANA: A ETAPA DE LA EXPERIENCIA

24. El Noble Sendero Óctuple incluye: visión correcta, intención correcta, acción correcta, palabra correcta, sustento correcto, esfuerzo correcto, concentración correcta y atención correcta. Las dos primeras etapas representan la sabiduría, las cuatro siguientes representan la disciplina y las dos últimas se relacionan con la concentración. Hay muchos acercamientos distintos para comprender las enseñanzas budistas. Una buena perspectiva introductoria es ofrecida por: Walpola Rahula, What the Buddha Taught (Lo que enseñó el Buda). (Londres: Gordon Fraser, 1978). Para una descripción de las etapas en el camino hacia la iluminación, ver: Shar Khentrul Jamphel Lodrö, Unveiling Your Sacred Truth (supra) (Develando Tu Verdad Sagrada).

25. Hay muchos relatos sobre la increíble vida del 16° Karmapa. Véase por ejemplo: Ken Holmes, Karmapa (Altea Publishing, 1995). También menciono a mi propio maestro raíz Kyabje Lobsang Trinley, cuya incansable dedicación en beneficio de los demás y de quien presencié personalmente muchas señales milagrosas ocurridas durante su vida y su muerte.

26. Para obtener guías sobre cómo encontrar y seguir a un auténtico maestro espiritual, véase por ejemplo a: Su Santidad el Dalai Lama,

Becoming Enlightened (Hacernos iluminados) Nueva York: Atria Books, 2009), 31-36. Para una discusión en profundidad ver también Shar Khentrul Jamphel Lodrö, Unveiling Your Sacred Truth (supra) (Develando Tu Verdad Sagrada).

27. Del Digha Nikaya, Los Largos Discursos del Buda (DN 31). En este sutra, el Buda analiza la ética y las prácticas de los seguidores laicos.

28. Es de conocimiento común en la psicología occidental que los hombres y las mujeres ven el mundo de maneras sutilmente diferentes: los ejemplos que se dan aquí se basan en: John Gray, Los hombres son de Marte, las mujeres son de Venus: la guía esencial para comprender al sexo opuesto (Nueva York: Harper Collins, 2004).

29. Una excelente referencia para los padres, que concuerdan con muchas de las ideas presentadas aquí: Steve Biddulph, The Complete Secrets of Happy Children (Los Secretos Completos de los Niños Felices) (Sydney: Harper Collins, 1998).

30. En la psicología moderna, un principio clave para lograr la felicidad en el trabajo es crear del trabajo una 'vocación'. Podemos identificar lo que consideramos significativo y cuáles son nuestras fortalezas para luego aprender a percibir el trabajo de una manera que sea personalmente significativa, mientras que al mismo tiempo nos enfocamos en nuestras fortalezas o buenas cualidades. Véase: Martin Seligman, Authentic Happiness (La auténtica felicidad), 165-184.

CAPÍTULO 7: EDAD MADURA ADULTA-LA ETAPA DE LA SABIDURÍA

31. Para un debate y reflexión profunda sobre la muerte y la impermanencia desde un punto de vista budista, véase: Shar Khentrul Jam-

phel Lodrö, Unveiling Your Sacred Truth (supra) (Develando tu verdad sagrada).

32. Esta es la historia de Krisha Gotam según relatada en: Sogyal Rinpoche, El Libro Tibetano de la Vida y de la Muerte, 28-9.

33. Podemos elegir una tradición o comunidad espiritual que nos ayude a cultivar nuestra 'vida interior' y nuestras buenas cualidades, sin embargo, también podemos encontrar ayuda en ciertos libros prácticos o cursos de psicología (siempre y cuando tengan una base de investigación sólida). Un buen ejemplo de un libro de este tipo es: Tal Ben-Shahar, Even Happier: A Gratitude Journal for Daily Joy and Lasting Fulfillment (Practicar la felicidad: un diario de gratitud para la satisfacción diaria y duradera de la felicidad) (Nueva York: McGraw-Hill, 2010).

34. Véase a: Sharon Begley, Train Your Mind, Change Your Brain (Adiestra tu mente, cambia tu cerebro), 246-9 y las referencias en el mismo. Además vea: Norman Doidge, The Brain That Changes Itself (El Cerebro que se transforma a sí mismo). Hoy en día está disponible una serie de buenos libros prácticos y otros recursos que pueden ayudarnos a mejorar nuestra memoria. Uno de esos recursos es la página de internet www.lumosity.com que provee ejercicios en línea que tienen como objetivo mejorar distintas áreas de la función mental, respaldados por una buena investigación científica. Otro recurso útil que puede beneficiar a personas de cualquier edad es: Tony Buzan, Use Your Head: Innovative Learning and Thinking Techniques to Fulfill Your Mental Potential (Usa tu cabeza: técnicas innovadoras de aprendizaje y razonamiento para alcanzar tu potencial mental) (Harlow: Educational Publishers LLP, 2006).

35. Para una discusión sobre los beneficios de desarrollar la gratitud

desde la perspectiva de la psicología moderna, véase: Martin Seligman, Authentic Happiness (La felicidad auténtica) 70-5.

Capítulo 8: Tercera Edad -partiendo de esta vida

36. Para un debate profundo sobre la visión budista del karma y la reencarnación, incluyendo 'prueba' lógica de ambos principios, véase: Shar Khentrul Jamphel Lodrö, Unveiling Your Sacred Truth (supra) (Develando Tu Verdad Sagrada).

37. Se han realizado innumerables investigaciones sobre los beneficios psicológicos de ayudar a los demás: por ejemplo, hacer trabajo voluntario puede ayudar a reducir los niveles de depresión, ansiedad, y ayudar a otros a abstenerse de beber alcohol previniendo la recaída en ex alcohólicos. Gran parte de esta investigación se presenta en: Stephen Post, Why Things Happen to Good People (Por qué le suceden cosas a la gente buena (Nueva York: Broadway, 2007).

38. Para una presentación profunda de la visión budista tradicional sobre el sufrimiento, ver: Shar Khentrul Jamphel Lodrö, Unveiling Your Sacred Truth (supra) (Develando Tu Verdad Sagrada).

39. Para una discusión profunda sobre las etapas por las que atravesamos cuando nos enfrentamos al diagnóstico de una enfermedad terminal, véase: Elizabeth Kubler-Ross, On Death and Dying (Sobre la muerte y los moribundos) (Londres: Tavistock / Routledge, 1989). La investigación de Kubler-Ross se fundamentó en una extensa serie de entrevistas con pacientes moribundos, cuyas transcripciones aparecen en su libro.

40. Para una descripción más detallada del proceso de disolución ex-

terna e interna en el momento de la muerte, conforme a la tradición budista tibetana, véase: Sogyal Rinpoche, El Libro Tibetano de la Vida y de la Muerte, 255-260. También consulta a: Shar Khentrul Jamphel Lodrö, Unveiling Your Sacred Truth (supra) (Develando tu verdad sagrada).

41. Uno de los más grandes maestros tibetanos de la última generación, el 16º Karmapa, murió en un hospital occidental de los Estados Unidos en 1981. Algunos de los detalles notables de su muerte, incluido el relato de uno de los médicos que lo atendieron, se pueden consultar en: Reginald Ray, Secret of the Vajra World (Secretos del Mundo Vajra) (Boston: Shambala, 2001), p.465-80.

42. El período de transición o estado intermedio entre la muerte y el renacimiento en un nuevo cuerpo se describe con detalle considerable en la tradición budista tibetana. Descrita en: Sogyal Rinpoche, El libro tibetano de la vida y la muerte, (supra) pp. 291-302. Para obtener una descripción más detallada, consulta a: Shar Khentrul Jamphel Lodrö, Unveiling Your Sacred Truth (supra) (Develando Tu Verdad Sagrada).

43. Un libro de referencia útil para quienes deseen comenzar y mantener una práctica de meditación es: Graham Williams, Life in Balance: Lifeflow Guide to Meditation (La vida en equilibrio: guía para meditación) (Adelaide: Print Know How 2008). Otras buenas referencias incluyen a: Ajahn Brahm, Mindfulness, Bliss and Beyond: A Meditator's Handbook (Atención plena, dicha y más allá: un manual para meditadores) (Somerville: Wisdom 2006) y B. Alan Wallace, The Attention Revolution: Unlocking the Power of the Focused Mind (La Revolución de la atención: desbloqueando el poder de la mente enfocada (Boston: Wisdom 2006). También consulta a: Shar Khentrul Jamphel Lodrö, Unveiling Your Sacred Truth (supra) (De-

velando Tu Verdad Sagrada.

44. Detalles más completos sobre la práctica tradicional de la purificación de Vajrasattva se pueden encontrar en el capítulo dieciséis de: Shar Khentrul Jamphel Lodrö, Unveiling Your Sacred Truth (supra) (Develando tu verdad sagrada)

45. Existen numerosos textos budistas que hablan sobre la práctica de la tierra pura de Amitabha y las características de Sukhavati, que tal vez desees investigar. Algunos de ellos se basan en las visiones directas de maestros altamente realizados. Uno de los textos más preciosos fue compuesto por el lama del siglo XIX Tsoknyi Gyamtso. Dicho texto tibetano cuenta con más de cien páginas que describen este reino puro. Es mi profundo deseo traducir este texto en un futuro cercano y hacerlo ampliamente disponible.

46. Para una investigación sobre la experiencia cercana a la muerte, consulta por ejemplo a: Kenneth Ring, Life and Death: a Scientific Investigation of the Near Death Experience (Vida y muerte: una investigación científica sobre la experiencia cercana a la muerte) (Boston: Arkana 1985).

47. Elizabeth Kubler-Ross, A Memoir of Living and Dying: the Wheel of Life (Una memoria de la vida y la muerte: la rueda de la vida) (Londres: Bantam 1997).

48. Elizabeth Kubler-Ross, The Wheel of Life (La Rueda de la vida), p. 288.

49. En tiempos recientes, algunos occidentales han sido reconocidos como reencarnaciones: Consulta a: Vickie MacKenzie, Reborn in the West (Renacer en Occidente: los maestros de la reencarnación)

(Londres: Bloomsbury 1995).

50. Durante muchos años, el Dr. Ian Stevenson ha recopilado evidencia detallada de más de dos mil casos de niños que recuerdan vidas anteriores. Consulta a: Ian Stevenson, Twenty Cases Suggesti-
ve of Reincarnation (Veinte casos sugestivos de reencarnaciones)
(Charlottesville: Univ.of Virginia Press, 1974); y Jane Henry (ed.),
Parapsychology Research on Exceptional Experiences (Investigación en parapsicología sobre experiencias excepcionales) (Londres:
Routledge 2005). Desafortunadamente este tipo de investigación a
menudo se rechaza debido a que no se considera 'convencional'. Sin
embargo, creo que nos beneficiaría enormemente evaluarla con una
mente crítica pero abierta, como lo haríamos en la ciencia 'convencional'.

Sobre el Autor

Khentrul Rinpoche es un Maestro no sectario del Budismo Tibetano. Ha dedicado su vida a una amplia variedad de prácticas espirituales, estudiando con más de 25 maestros de todas las Tradiciones Tibetanas principales. Si bien él tiene un respeto y aprecio genuinos por todos los sistemas espirituales, su mayor confianza y experiencia está en su propio sendero del Kalachakra Tantra según instruido por la Tradición Jonang-Shambhala.

Rinpoche aporta una mente aguda e inquisitiva en todo lo que hace. Sus enseñanzas son accesibles y directas, frecuentemente enfatizando una sensibilidad muy pragmática. A través de varios años Rinpoche ha escrito una variedad de libros para guiar a sus estudiantes. Específicamente, ha realizado grandes esfuerzos para traducir y comentar textos que presentan las etapas graduales del *sendero del Kalachakra*.

Rinpoche cree que nuestro mundo definitivamente tiene el potencial de desarrollar paz y armonía genuinas, preservando simultáneamente nuestra humanidad y nuestro ambiente. Esta Edad Dorada de Shambhala es posible mediante el estudio y la práctica del Sistema de Kalachakra. Con este fin, Rinpoche ha comenzado a viajar por el mundo para compartir su conocimiento de este linaje único y libre de prejuicios sectarios..

Shar Khentrul Jamphel Lodrö

Visión de Rinpoche

El Dzokden fue fundado con el propósito expreso de apoyar a Khentrul Rinpoche en la realización de su visión para una mayor paz y armonía en este mundo. A medida que nuestra comunidad continúa creciendo y desarrollándose, más y más personas se están involucrando con este extraordinario esfuerzo.

Para darles una idea del alcance de la visión de Rinpoche, podemos hablar de ocho objetivos que reflejan sus prioridades a corto y largo plazo:

Objetivos inmediatos

En última instancia, la felicidad duradera y genuina sólo es posible a través de una profunda transformación personal. Ahora más que nunca, necesitamos métodos para desarrollar nuestra sabiduría y actualizar nuestro mayor potencial. Es por esta razón que Rinpoche le da tanta prioridad a la preservación del Linaje Jonang Kalachakra. Hay cuatro formas en que Rinpoche propone hacer esto:

1. **Crear oportunidades para conectarse con un linaje auténtico y completo del Kalachakra en estrecha colaboración con meditadores dedicados en el remoto Tíbet.** Nuestro objetivo es crear todos los apoyos para la práctica de Kalachakra de acuerdo con los auténticos maestros del linaje que han mantenido esta tradición durante

miles de años. Hacemos esto al encargar estatuas y pinturas, escribir libros y dar enseñanzas en todo el mundo. Ponemos especial énfasis en garantizar la autenticidad de nuestros materiales, aprovechando la experiencia profunda de meditadores altamente realizados que dedican sus vidas a estas prácticas.

2. **Establecer centros de retiro internacionales para el estudio y la práctica del Kalachakra.** Para integrar las enseñanzas en nuestras mentes, es crucial tener la oportunidad de participar en períodos de práctica intensiva. Por lo tanto, estamos trabajando para crear la infraestructura necesaria que respaldará y nutrirá a los miembros de nuestra comunidad para participar en un retiro a corto y largo plazo. Esto incluye la compra de tierras y la construcción de todo lo que se necesita para llevar a cabo retiros grupales y solitarios. Nuestro objetivo a largo plazo es desarrollar una red de dichos centros en todo el mundo, formando una comunidad global que respalde una amplia variedad de profesionales.

3. **Traducir y publicar los textos únicos y raros de los maestros del Kalachakra.** El Sistema de Kalachakra ha sido el tema de innumerables textos en el transcurso de la larga historia del Tíbet. Hasta ahora, solo una pequeña fracción de estos textos ha sido traducida y está accesible en Occidente. Si bien los textos teóricos son importantes, nuestro objetivo es centrarnos particularmente en 81 las instrucciones básicas que guiarán a los practicantes dedicados a una experiencia más profunda de estas profundas enseñanzas.

4. **Desarrollar las herramientas y programas para una experiencia de aprendizaje estructurado.** Con grupos de estudiantes distribuidos por todo el mundo, creemos que es importante aprovechar al máximo las tecnologías modernas para facilitar el proceso de aprendizaje para nuestros estudiantes. Nuestro objetivo es desarrollar una

sólida plataforma educativa en línea que permita a nuestra comunidad internacional acceder a programas de estudio de calidad que sean intuitivos, estructurados y atractivos.

Metas a largo plazo

Mientras trabajamos para lograr la paz y la armonía suprema en nuestras propias mentes, no debemos perder de vista el hecho de que existimos dentro del contexto de un mundo lleno de una gran diversidad de personas. Estas personas dan lugar a una amplia variedad de creencias y prácticas que a su vez dan forma a cómo nos relacionamos e interactuamos entre nosotros. En esta realidad interdependiente, es vital encontrar estrategias viables para promover una mayor tolerancia y respeto. Con este fin, Rinpoche propone cuatro áreas específicas de actividad:

1. **Promover el desarrollo de una Filosofía Rimé a través del diálogo con otras tradiciones.** Con el deseo de ser miembros constructivos de una sociedad pluralista, debemos aprender formas de reconciliar nuestras diferencias. Con este objetivo, nuestra meta es ayudar a las personas a desarrollar las cualidades positivas que promueven una actitud de respeto mutuo, apertura a nuevas ideas y un deseo inquisitivo de superar nuestra ignorancia.

2. **Desarrollar modelos de conducta altamente realizados ofreciendo apoyo financiero a profesionales dedicados.** Para asegurar la autenticidad de nuestras tradiciones espirituales, es imperativo que haya personas que realicen las realizaciones más elevadas. Por lo tanto, nuestro objetivo es crear un programa de becas financieras que facilite a los practicantes genuinos que desean dedicar sus vidas al desarrollo espiritual, independientemente de su sistema de práctica. Al ayudar a las personas a actualizar las enseñanzas, se convierten en modelos positivos para quienes los rodean, inspirando y

guiando a las generaciones venideras.

3. **Actualizar el gran potencial de las mujeres practicantes mediante el desarrollo de programas de capacitación especializados.** La cultura tibetana tiene una larga historia de cultivar maestros altamente realizados a través del entrenamiento intensivo de aquellos que son reconocidos por tener un gran potencial. Desafortunadamente, con demasiada frecuencia, la búsqueda de potencial se enfocó solo en los candidatos masculinos. Rinpoche cree que es cada vez más importante contar con modelos de roles femeninos fuertes y altamente realizados que puedan ayudar a lograr un mayor equilibrio en nuestro mundo. Por esta razón, estamos trabajando para desarrollar un programa de capacitación único para brindar a las mujeres la oportunidad de actualizar su potencial espiritual. Nuestro objetivo es diseñar un plan de estudios especializado, así como la infraestructura financiera para apoyar plenamente todos los aspectos de su educación.

4. **Promover una mayor flexibilidad mental y una comprensión más amplia de la realidad a través de programas educativos modernos.** En un mundo que evoluciona rápidamente, debemos replantearnos los tipos de habilidades que les enseñamos a nuestros hijos. Las rígidas estructuras del pasado a menudo están mal equipadas para preparar a los estudiantes para los desafíos que enfrentarán durante sus vidas. Por lo tanto, nuestro objetivo es desarrollar una variedad de programas educativos que puedan ayudar a los niños a ser más flexibles y más capaces de adaptarse a su contexto. Una parte importante de estos programas es el desarrollo de una mayor conciencia del papel que desempeña nuestra mente en nuestras experiencias cotidianas. También buscamos introducir reformas en el sistema educativo monástico que los ayuden a ser más relevantes para este mundo moderno.

¿CÓMO PUEDES AYUDAR?

Nada de esto será posible sin tu apoyo y participación. Esta visión requerirá una gran cantidad de mérito y generosidad de múltiples benefactores a lo largo de muchos años. Si deseas ayudar, no dudes en contactarnos.

Dzokden
3436 Divisadero
San Francisco, CA 94123
United States of America

office@dzokden.org
dzokden.org